本书是重庆市社科规划项目"刑事指导性案例生成机制研究——以重庆市指导性案例生成实践为样本"（项目编号：2015QNFX30）的成果。

刑事指导性案例生成机制研究

范 玉 李 涛 ● 著

厦门大学出版社 国家一级出版社
XIAMEN UNIVERSITY PRESS 全国百佳图书出版单位

目　录

导　论 …………………………………………………………… 1

一、选题背景与意义 ………………………………………… 1

二、文献综述 ………………………………………………… 4

三、研究方法 ………………………………………………… 7

四、创新点 …………………………………………………… 8

第一章　刑事指导性案例与刑事案例指导制度 ……………… 9

第一节　刑事指导性案例内涵解读 ………………………… 9

一、指导性案例与刑事指导性案例 ………………………… 9

二、本书语境下的刑事指导性案例 ………………………… 15

三、刑事案例指导制度历史沿革 …………………………… 22

第二节　刑事案例指导制度分析 …………………………… 26

一、刑事案例指导制度界定 ………………………………… 26

二、刑事案例指导制度的现状 ……………………………… 32

三、刑事案例指导制度与刑事指导性案例 ………………… 37

第三节　刑事指导性案例分析 ……………………………… 40

一、刑事指导性案例的地位和效力 ………………………… 40

二、刑事指导性案例的功能 ………………………………… 44

三、增加判决可接受度、引导公众行为 …………………… 54

第二章　生成刑事指导性案例的根据 ………………………… 56

第一节　与刑事责任根据的同质性 ………………………… 56

一、犯罪的本质 ……………………………………………… 57

二、刑事指导性案例的生成

　　——法益侵害说之贯彻 ……………………………… 60

三、刑事指导性案例的生成

——结果无价值之坚持 ……………………………… 66

第二节 对罪刑法定原则的具体表达 …………………… 70

一、罪刑法定原则的内涵 …………………………… 70

二、罪刑法定原则的司法困境 ……………………… 73

三、突破困境的选择：生成刑事指导性案例 ………… 76

第三章 生成刑事指导性案例的具体内容 Ⅰ：入罪 …… 82

第一节 具体定罪标准一般性生成

——以故意毁坏财产罪展开 ………………… 83

一、对"毁坏"行为的案例分析 …………………… 84

二、对认识及意志因素的限制性解释 ……………… 89

第二节 具体定罪标准的特殊性生成

——由甄别故意伤害及相关罪名切入 ……… 93

一、由一则案例引出问题 …………………………… 93

二、反向一般定罪的思维方法 ……………………… 95

三、"以刑定罪"的司法现状 ……………………… 99

四、"以刑定罪"的合理选择 ……………………… 102

第四章 生成刑事指导性案例的具体内容 Ⅱ：出罪 …… 108

第一节 对排除犯罪事由的案例解释 …………………… 108

一、甄别正当防卫具体标准的案例解释 …………… 109

二、因"安乐死"出罪的案例指导 ………………… 116

第二节 对判断可罚性程度的案例指导 ………………… 124

一、"但书"与可罚性程度 ………………………… 124

二、"但书"与一身的处罚阻却事由 ……………… 126

三、对但书的案例解释 ……………………………… 129

第五章 生成刑事指导性案例的现实路径 …………… 132

第一节 生成刑事指导性案例的逻辑路径 ……………… 133

一、生成刑事指导性案例的规范基础 ……………… 133

二、汇集司法智慧和经验 …………………………… 135

三、生成目的是充实和丰富规则 …………………… 141

第二节　生成刑事指导性案例的制度路径……………………… 155

一、审判机关与刑事指导性案例 ………………………… 156

二、以审判为中心生成刑事指导性案例 ………………… 164

结　语 ………………………………………………………… 170

参考文献 ……………………………………………………… 173

导　论

一、选题背景与意义

经过学界和实践部门的不懈努力,指导性案例以及案例指导制度已经不再是新命题。绝大多数人认为,法律的统一适用是法治的一项基本原则,同案不同判问题显然严重背离了这一原则,而通过指导性案例可以在某种程度上消除上述现象,重树司法的权威,坚定社会公众对于公平、平等法治理念的信仰。此外,案例指导制度作为重大的司法制度,是统一法律适用的必然趋势,也是适应现代法治发展的要求。但是,大家也都看到虽然中国特色指导性案例制度化已发轫成型,但尚须不断发展与完善,在具体构建上的"软肋"或称发展"瓶颈"依旧亟待解决。事实上,最高人民法院在新中国成立初期一直坚持依靠公布案例指导司法实践工作,并以 1985 年创办《最高人民法院公报》的形式公布案例。除了公报案例以外,包括《刑事审判参考》《中国审判案例要览》等具有指导性作用的案例汇编不在少数。此外,部分地方法院也逐步推行指导性案例制度化的探索并积累了一些经验。因此,在最高人民法院《关于案例指导制度规定》出台之前,散落在各地、各级法院的指导性案例有不少。然而,在这林林总总的案例中真正有指导性作用的有多少是值得思考的。指导性案例旨在对疑点和难点问题进行解释,但现实中很多指导性案例并没有起到期待中的指导作用。现有案例很大部分是有重叠或者是"四平八稳"而指导意义不强,这些案例是否就是司法适用难点是值得探讨的问题,抑或是选择案例的人基于如下的考虑:平衡各方面利益、对刑事政策的回应(严打、专项斗争),但这些内容恰恰不是指导性案例应该考虑的因素。事实上,无论是以前的案例汇编还是最近正式公布的指导性案例,很多法官确实表达出其"大多数案例指导性不强"的观点。

例如,最高人民法院公布的第一批第 4 号"王志才故意杀人案",其裁判要旨大体认为对于罪行极其严重的犯罪,应当判处死刑立即执行。但由于被告人具有法定或者酌定的从轻处罚情节的,尽管被害方反映强烈,但能够判处死刑缓期执行的,可以判处死刑缓期执行并限制减刑。在此指导性案例中我们并没有看到多少具有指导性的元素,因为如果按照这一逻辑,任何一个拟死刑案件被告人的法定或者酌定从轻情节都可以判处死刑缓期执行。又如第四批指导案例第 14 号"董某某、宋某某抢劫案",该案例旨在为准确适用《刑法修正案(八)》规定的"禁止令"提供指导。然而,"禁止令"的实施在《刑法修正案(八)》中已经进行了界定,这在实施"禁止令"过程还没有出现明显问题时将其发布出来,与其说是指导性不如说是宣誓"禁止令"的适用,其指导性同样并不大。又如关于紧急避险的案例在实践中并非没有,尽管此类案件并不疑难,但很敏感,当有先例可循时,可以减少很多纷争。然而,很遗憾的是最高人民法院从来就没有出台过此类案例。此外,有些刑事指导性案例之间还存在矛盾,出现两个类似案件有不同结论的情况,这更容易带来理解的混沌。例如,对入户抢劫中"户"的理解和认定问题,《中国刑事审判指导案例》里"陆某钢等抢劫案"①与"韩某等抢劫案"②的处理结果就有不同认识,陆某钢等抢劫案里,陆某钢等人闯入褚某某夫妇生活的住所里,对该住所里正在参赌的汤某某等八人实施暴力,并当场从被害人处窃取财物若干。法院认为,入

---

① 参见最高人民法院刑事审判第一、二、三、四、五庭主办:《中国刑事指导案例》(卷1),法律出版社 2008 年版,第 365~368 页。

② 参见最高人民法院刑事审判第一、二、三、四、五庭主办:《中国刑事指导案例》(卷1),法律出版社 2008 年版,第 442~445 页。

户抢劫中的"户"不仅仅是抢劫的场所,更应该是抢劫的对象,该案主、客观两方面都证实被告人抢劫的对象系参赌人员,而非家庭成员,故该案不是"入户"抢劫。而韩某等抢劫案里,韩某等人以抢劫为目的,强行进入被害人何某某等人共同租住的房屋劫取财物。而即使是共同租住的房屋,但同样具有隐私性和排他性,隐私性和排他性具有整体性特点,因此,虽然二人不具有家庭成员关系,但其租住的房屋仍然具有私人住所的特点,故本案被告行为应当构成入户抢劫。从这两个案例来看,前一案例认为,入户抢劫的"户"应该是抢劫的对象,简言之,抢劫对象通常为家庭成员才能构成入"户"的实质要件。而后一案例则认为,抢劫对象并非为家庭成员,只要构成隐私性和排他性,则符合刑法中抢劫入"户"的条件。那么,究竟哪些要素构成抢劫罪中加重条件的入"户"的形成条件?如果韩某等抢劫案中共同租住的房屋是因为被害人之间具有共同生活的表现形式可以成为"户",而陆某钢等抢劫案中被害人没有共同生活而无法将抢劫场所——褚某某夫妇所生活的住所视为"户",这还勉强说得过去,但如有其他人(朋友、亲属等)进入他人合租的房屋被抢劫,抢劫者的行为定性究竟是否为入"户"抢劫呢?按照这种逻辑,公众在其他人生活的场所受到暴力侵害而致财物损失,则无法认定为入户。

由此可见,现有刑事指导性案例的指导性是很成问题的。而如果现阶段依旧没有厘清如何生成有指导意义的刑事指导性案例,那么,刑事案例指导制度最后要么"信马由缰",要么沦落为以前发布案例汇编的翻版。由此可见,指导性案例的制度化在理论和实践的准备上是不足的,有些真正疑难的东西并没有成为指导性案例,而且无论从实务界还是从理论研究成果来看,都没有找到具有说服力的答案,进而导致制度化进程并不顺利。本书的研究意义就在于从刑事指导性案例生成的角度对刑事指导性案例制度化进行解读,主要通过回归刑法教义学框架,进而体现刑事司法公正的立场以及透彻表达出刑事指导性案例特有的严谨风格以及符合法理和人情的具体结论,最终取信于这个社会和个人。

二、文献综述

自 2005 年 10 月最高人民法院出台的《人民法院第二个五年改革纲要(2004—2008)》提出建立案例指导制度的规划至今,对是否该设立案例指导制度有肯定说、否定说和有限适用说三种观点。应该说,肯定说是占主流的,武树臣教授就是典型的支持者,他认为"在我国法制体系中一般地使用判例和局部地创立判例法是可行的。从立法上看,由于立法本身是一个非常复杂的活动,不可能一蹴而就,包揽无余。因此,最高人民法院可以通过判例的形式不断完善立法,用判例来指导全国的审判工作,从而在局部领域适用判例法。从司法上看,由于成文法条太抽象,造成司法上的不统一"。因此,他希望由最高人民法院牵头,以最高人民法院的名义发布一些具有模板性和典型性的案例,由此使法官在适用法律时得以正式援引,以统一法律适用,维护司法权威和信用。① 徐景和博士认为制定法的不周延性、抽象性和强化性等方面是天生缺陷,与其让立法不断确立法律原则、司法不停出台解释还不如建立判例制度以弥补制定法本身存在的缺陷。② 中国社科院法学研究所刘作翔研究员提出,在依法治国基本方略的要求下,作为制定法国家,我国大陆法院在司法适用中依成文法司法。但新的社会变革时期,案件类型层出不穷,按照原有的司法理念和思维模式难免顾此失彼。因此,实行案例指导制度是法治对中国社会深刻变革下的积极回应。③ "中国法官的司法经验,必定是,也应当是提炼中国司法理论甚至法学理论的最主要资源"。④ 也有学者对吸收判例法制度建立中国特色的案例指导制度并不支持。"我国大陆的体制不宜采用判例法制度,我国是成文法国家,古代'以例破律'恶名远扬,并没有

---

① 武树臣:《运用判例是加强法制建设的重要途径》,载《中国法学》1989 年第 2 期;武树臣:《论判例在我国法制建设中的地位》,载《法学》1986 年第 6 期。

② 徐景和:《中国判例制度研究》,中国检察出版社 2006 年版,第 1 页。

③ 刘作翔:《我国为什么要实行案例指导制度》,载《法律适用》2006 年第 8 期。

④ 参见苏力:《送法下乡:中国基层司法制度研究》,中国政法大学出版社 2000 年版,第 171 页。

判例生存的体制空间。此外,我国大陆现行的社会制度和法律体系都与英美判例法制度所依存的政治土壤并不兼容。"① 针对越来越多法院推行案例指导制度的实践,龙卫球教授提出:"下级法院推出的所谓先例判决制,是目前司法改革中出现的一件很坏的事情,对之不应鼓励,相反应加以反思。""先例判决制度属于违法司法或违宪司法,不容于法治社会","即使我们意味将来走向案例指导制度,承认判例法的法源形式,必须先修改宪法"。② 还有学者观点更加尖锐:"未来几十年,中国不可能也不应该跨越历史与国情的限制,仓促出台中国版的判例法制度。"③ 不同于前两种观点的尖锐对立,也有部分学者赞同"有限适用说",如李仕春认为:应当理性评价案例指导制度的价值,案例指导制度不是一个纯粹的法律制度,而是司法改革的重要组成部分,作为司法制度的一部分需要提升到政治制度的层面进行分析。而由"立法中心主义向司法中心主义转变"还为时过早,应当严格限制其适用。④ 除此之外,对指导性案例的性质、地位以及如何构建的观念等内容也并没有一致的观点,有人认为案例指导制度是过渡性质的,"所谓过渡性,也就是说这项制度既是对中国现有案例编纂制度的一种超越,又与未来需要构建的有中国特色的判例制度存在一定差距,其目的是为逐步过渡到有中国特色的判例制度奠定基础"⑤。当然,也有观点认为案例指导制度其实是司法解释制度的案例版。具体理由在于,司法解释遭受诟病并非一日,而且近年来这种非议越演越烈,其主要焦点在司法解释僭越立法权、司法权行使宪法审查权等方面,而且"而司法解释的内容还存在说理不透彻,论法不充分,推理不严

---

① 高岩:《我国不宜采用判例法制度》,载《中国法学》1991年第3期。

② 龙卫球:《法院,你可知司法为何物?——对于所谓先例判决制的评论》,爱思想网:http://www.aisixiang.coin/data/detail.php? id=18509,访问日期:2013年5月10日。

③ 张海龙:《先例判决只是看上去很美》,新浪财经:http://finance.sina.coni.cn/roll/20030717/0345371820.shtml,访问日期:2013年5月10日。

④ 李仕春:《案例指导制度的另一条思路——司法能动主义在中国的有限适用》,载《法学》2009年第6期。

⑤ 周佑勇:《作为过渡措施的案例指导制度》,载《法学评论》2006年第3期。

谨,不能完全体现'解释'的独特风格"①。而最高法院相关负责人则认为案例指导制度"既表达了我们所欲实行的是一种'案例'指导制度,而不是'判例'约束制度,案例指导制度与判例法有着本质区别,同时也表明指导性案例同大量的普通案例有所不同,它的不同就在于指导价值"②。对指导性案例的效力而言,有学者认为:指导性案例是软效力、硬指导。③ 这种软效力的根据在于:"指导性案例的约束力之所以应是一种柔性的约束力,主要是因为指导性案例法律效力的合法性基础不足,柔性约束可以提供一种纠错机制。"④对选取指导性案例的标准而言,公丕祥大法官认为:"指导案例之所以成为指导案例,并非在于指导案例所指向案件的全部,其关键在于对案件争议的焦点问题,包括事实认定、证据采信和法律适用等问题,所进行的详细充分的分析论证,足以说服他人在处理相同或者类似案件时能够自觉、主动地认同和接受。"⑤而对于具体选取标准,孙谦则主张应当抛弃"新闻宣传型"案例,而选择指导性案例的类型主要是"法律适用时法律规定比较原则化、模糊化""案件具有典型性或者多发性""疑难性和代表性""社会广泛关注性""具有指导意义的含有法律解释内容"等方面。⑥ 何慧新博士的《刑法判例论》是一本对刑法判例进行深入分析的专著,她认为判例制度的合理性在于弥补中国现有法律解释制度的缺陷,司法裁量制度之不足,形成法律适用解释的有机系统。⑦ 张千帆教授尤其注意到目前对"先例"的挑选和确定等做法仍然带有比较浓厚的行政色彩,而且司法实务部门似乎自然比较侧重于便利和速度的考虑,因而现

① 董皞:《迈出案例通向判例的困惑之门——我国实现法律统一适用合法有效之路径》,载《法律适用》2007 年第 1 期。
② 胡云腾、于同志:《案例指导制度若干重大疑难争议问题研究》,载《法学研究》2008 年第 6 期。
③ 蔡琳:《案例指导制度"指导"三问》,载《南京大学学报(人文社科类)》2012 年第 4 期。
④ 郜永昌、刘克毅:《论案例指导制度的法律定位》,载《法律科学》2008 年第 4 期。
⑤ 公丕祥:《完善中国特色案例指导制度之我见》,载《法治资讯》2011 年 5 月 13 日。
⑥ 孙谦:《建立刑事司法案例指导制度的思考》,载《中国法学》2010 年第 5 期。
⑦ 何慧新:《刑法判例论》,中国方正出版社 2001 年版,第 3 页。

在还不敢说判例制度在国内的施行不会走样以及是否会导致始料未及的后果，[①]等等。另外，最高人民法院、北京市高级人民法院、四川省高级人民法院等机构分别成立了关于案例指导制度的课题组，也形成了一些成果。但总的来说，这些课题内容在横向分析案例适用情况的基础上，侧重于分析现有指导性案例制度化的运行状况，对具体指导性案例（特别是刑事指导性案例）的生成鲜少论及。综上，本书试图从刑事指导性案例的生成出发，探索如何生成真正具有指导性的刑事指导性案例。

三、研究方法

本书研究路径主要是规范研究方法。首先，对以刑法规范为依据的刑事指导性案例进行分析必须坚持规范研究的立场。坚持规范研究就是以刑法教义学贯穿全书，即根据刑法的基本原则、规则对案例进行分析，探讨出生成有指导意义的案例必须符合的要件。近年来，事实上我国案例汇编的发布工作一直没有停歇（只不过没有冠以"指导性案例"的官方称谓），本书为此抽选部分案例汇编的案例进行教义学分析，通过研究而了解现有部分案例存在的具体问题。其中，涉及对刑事责任的根据、犯罪本质以及对罪刑法定原则的解读，所解决的问题是究竟什么样的案例能够成为刑事指导性案例。此外，刑法教义学涉及价值评价，以法律并非一成不变为宗旨，认为法律的模糊性正是法律的生命力所在，而在刑事司法裁判中怎么作出符合法律人情的价值选择是生成刑事指导性案例的重点，而只有这样的案例才能指导相关的司法活动。此外，刑事指导性案例制度化是一项重大的司法改革，涉及的范围非常广泛，包括观念、裁判思维以及审判体制的变革等内容。如果单独从刑法教义学的角度进行分析未免太单薄，因此，本书从社会学角度分析现有体制和机制下刑事指导性案例生成的现实基础，探讨有效方法减少机制与体制运行的"磨合期"，以更快建立刑事案例指导制度。

---

① 张千帆：《再论司法判例制度的性质、作用和过程》，载《河南社会科学》2004年第4期。

四、创新点

对刑事案例指导制度化的现状而言,现阶段无论从指导性案例的效力、内容还是生成等方面来看,很难言及刑事案例指导制度正在逐步建立。但是,案例指导制度的构建是我们的努力方向,而刑事指导性案例作为刑事案例指导制度的产物和组成部分,在制度没有完全定型的情况下需要不断生成,从而促进刑事指导性案例制度化。为此本书侧重探讨刑事案例指导制度的生成机制问题,而且以犯罪圈的划定为限。在本书语境下刑事指导性案例的生成阶段,需要澄清的问题:指导与控制(杜绝行政色彩)、指导与规制(法律根据问题)、指导与偏离(法官的恣意),由此引申出更深层次的问题:确立案例的指导依据、标准以及大致应当达到的效果。

刑事指导性案例中所提炼的具体规则必须表达刑法具体条文的含义,体系性昭示刑法在现实社会环境的实质精神,进而真正指导一审及二审法官的裁量,是有指导意义的指导性案例的功能。但是,很多案例的选取往往基于特定时期刑事政策以及审判大环境的影响,缺乏对刑法精神的整体性关注以及对法理人情的合理解答,从长远来看,其生命力与指导性值得商榷。而且,成文法环境下法官懒于进行思考,加之行政化倾向以及裁判文书的障碍,使真正能体现出司法智慧和经验的案例并不多见。而出现这些问题的制度层面显现出,指导性案例的选编通常自上而下地通知要求下级选送,选送案例也由部门确定,这样的选编程序且不说其行政化姿态但仅仅依靠有限的智慧支撑是不行的,这也能侧面说明为什么很多案例有重复。因此,就刑事指导性案例的生成机制而言,一切案源都是主审法官的创意,刑事指导性案例中所折射出来的创意是法官根据内心道德并依据相关刑法规范对社会纠纷所作出的具有创造性的解释。但是,刑事判决浩如烟海,如何认定哪些判决是创意以及怎样把这些创意采纳起来,并真正指导实践是本书需要解决的问题。简言之,刑事指导性案例的生成要求法官作出具有清晰脉络的推理,而且更要对裁判的正当性和合理性均有清晰的理解和完整表达,进而实现法理、人情妥洽,这样的案例才是指导性案例。

第一章
刑事指导性案例与刑事案例指导制度

第一节　刑事指导性案例内涵解读

一、指导性案例与刑事指导性案例

(一)指导性案例与相关概念

对指导性案例的探讨离不开对判例、案例的比较分析。通常,判例是判例法系的术语,而案例和指导性案例是各个法系都有的概念。为此,很有必要厘清判例、案例和指导性案例的区别。

1. 判例通解

通常而言,判例的含义包括案件陈述,即法官对案情的描述和法律问题的论述;也包括先例,所谓先例就是先前判决对以后案件具有约束力。因此,具体来说,判例的含义有两种,第一种是指在司法实践中能够被直接作为裁判依据的实例,具有特定的法律含义;①第二种是"'判决之案例

---

① 龚稼立:《关于先例判决和判例指导的思考》,载《河南社会科学》2004年第3期。

或事例'之义,其本身并没有当然'判例法'含义,也没有普通法中的'遵循先例'之义"。① 还有一种情况,就是在判例和判例法两种意义上使用,"判例"在一些国家中与"判例法"是等同使用的。由此可见,"在普通法系国家的一些作品中,这两个词可能是通用的。"②本书并不认同后一种观点,而是认可通常所称"判例"为"一项已经判决的案件或者法院的判决,它被认为是为一个后来发生的相同或类似的案件,或者相似的法律问题,提供了一个范例或权威性的法律依据。法院试图按照在先前的案件中确立的原则进行审判。这些事实或法律原则方面与正在审理的案件相近似的案件称为先例。法院首次为一个特殊类型的案件所确立的,并且后来在处理相似的案件时供参考的法律原则"③。因此,判例是判决中的一种,判例是判决,但并非所有判决都判例。可见,判例法是与成文法相对应的概念,但判例并非与法条对应,即使成文法国家也有判例存在。

普通法系中,判例是法院从生效判决里挑选出一些具有典型性的判决,通过法定程序予以公布,以形成对以后同类或者类似案件具有约束力的判决。换言之,在普通法系里,只有具有典型性且经过法定程序确认的判决能成为判例。具体而言,"在普通法系里,判例分为有拘束力的判例与有说服力的判例"④。顾名思义,有拘束力的判例具有法定约束力,能够对法官审判产生直接影响,包括上级法院以及同级法院以前的判决。而有说服力的判决,只是根据判决本身的魅力来指导法官行为,没有强制约束力,包括不同管辖权之法院的判决等。在普通法系里,"遵循先例"是原则,法官在审理案件过程中所创造的规则作为以后审理案件的依据,法律规范的创制并非完全通过立法语言抽象表达,主要是通过活生生的判例确立原则和规则,因而判例是正式法源。通常而言,法官在审理案件过程中,首先是找出与待决案件相同或类似的判决,然后根据该判决调取出适用于处理该案件的规则,最后依据这些抽象出来的规则作为裁判理由,

---

① 蒋惠岭:《建立案例指导制度的几个具体问题》,载《法律适用》2004 年第 5 期。
② 沈宗灵:《比较法研究》,北京大学出版社 1998 年版,第 551 页。
③ 何慧新:《刑法判例论》,中国方正出版社 2001 年版,第 5 页。
④ 刘凤景:《"指导性案例"名称之辩正》,载《环球法律评论》2009 年第 4 期。

在这里法典并非首先考虑的因素。在这一过程中,制定法并没有起主要作用,相反是判例成为裁判依据。在普通法系国家中,判例是先前的整个判决——通过分析针对先前案件整个事实背景的判决,识别判决理由;由于相近案件的判决往往有百余个,法院印证所有的判决是不现实且不必要的判决中,由此法院往往引证的是一些随机选择或者新的判决。[①]

大陆法系里,判例并非正式的法源,法典是法官审理案件的首要依据,而判例通常是辅助的、次要的参照资料。通常由于判例是最高法院整理编纂的,鉴于审级的影响,尽管远不及成文法,但判例还是在一定程度上被法官重视。在法国,"古典理论就宣称判例不是法源;但在某些情况下,最高法院或行政法院的判决事实上经常具有几乎不低于法律效力的约束力"。在德国,"自德国民法典于 1900 年 1 月 1 日实施以来,德国曾为剧烈的危机所震撼,这些危机使法对情况的适应较之其他地方更为必要。为此,判例不得不代替经常无所作为的立法者"[②]。在日本,上级裁判所作出的裁判对下级裁判所在审理相同或者类似案件时具有拘束力。正如大木雅夫所指出的:"大陆虽然确实没有先例拘束原则,但实际上,无论是法国还是德国,下级法院都遵从上级法院的判例,否则,下级法院作出的判决就必然在上级审时被撤销。况且,在存在法官升任制度的情况下,有敢于反抗上级审之勇气的人,实属罕见。"[③]为了使法官在裁判时查询方便,日本有《最高裁判所判例集》《大审院判例录》等专门收集整理判例的刊物。因此,在大陆法系里,"判例"只是由对先前案件所适用的法律规则非常一般而简要的陈述构成,这种陈述与制定法规则非常接近,且源于较高级别的具有判例制作权的权威机构,相应的,这种判例不是用来决定判决,而是用来支持判决。[④]

2."案例"概念解析

从语义上来讲,"案例"泛指一切具有典型性的事件或者事例。其涉

---

①　参见何慧新:《刑法判例论》,中国方正出版社 2001 年版,第 10 页。

②　[法]达维德:《当代主要法律体系》,漆竹生译,上海译文出版社 1984 年版,第 18、113 页。

③　[日]大木雅夫:《比较法》,范愉译,法律出版社 1999 年版,第 126 页。

④　参见何慧新:《刑法判例论》,中国方正出版社 2001 年版,第 10 页。

及范围非常广泛,不仅应用于人文社科领域还包括自然科学领域。由于案例具有举一反三的论证功效因而广泛运用于研究领域里。除了法学外,"案例"也常常出现在政治学、经济学、管理学等其他学科里,如"医学案例""心理学案例""教学案例"等等。

仅仅从法律意义上来说,案例同样比判例内涵更加丰富。具体表现在,案例是以判决书为载体的案件事实认定以及裁判,即"将法院判决结果,以文字记载成为书面,这种书面称为判决书,一般通称为案例"①。由此可见,在世界范围内,案例与判例这两个术语虽仅一字之差,但案例涉及的范围比判例要宽泛得多。具体来讲:对普通法国家而言,判例之外的判决可以成为案例,但由于该法系的判例传统,案例更多具有规范意义之外的科研、教学内涵。对成文法国家而言,由于案件判决结果都称为案例,而判例也并不是成文法国度所排斥的概念,加之大陆法系国家司法三段论式的法律推理模式,判例之外的案例对判决产生影响很难确定。但是,案例在我国学术界和实务界却是常用术语,而对判例却是小心翼翼地保持某种距离。这种奇怪现象的原因在于:一方面,判例不适合中国现行的政治制度,我国是成文法度,使用判例一词容易引人误解,这与恪守中华法系旧传统扯上了关系,毕竟中国历史上"以例破律"恶名远播。另一方面,由于缺乏英美国家牢固的判例法传统,加之中国法官缺乏职业性训练,判例的谈及与"法官造法"的亲密关系让民众对司法的信赖大打折扣。因此,尽管在我国语境下案例与判例似乎差别不大,但法律界更愿意谈论案例而非判例。综上,在我国,案例是人民法院审理案件所作出的具有示范意义,或具有参考价值的生效判决。案例包括优质案例和劣质案例,优质案例通常是事实认定清楚,适用法律正确,裁判说理清晰,具有较高参考意义,对启迪法律思维有积极作用的判决。而劣质案例是作为反面教材避免法官"重蹈覆辙"的案例。因此,就法律意义而言,"案例"是指经过人民法院对案件事实进行审判后所作出的结论,其他法官在审理案件时都可以作为参考的样本,也可以作为学术界分析研究的素材,普通民众亦可以把案例作为学习法律规范、普及法律知识的样本。而就现阶段我国

---

① 潘大维主编:《英美法导读讲义》,台湾瑞兴图书公司印行1995年8月,第61页。

大陆法律体制而言,无论是哪种案例都不具有强制约束力,不是正式法律渊源。简言之,以"案例"角度对某个判决进行分析时,完全只是具有一种参考价值的判决。

3.指导性案例

指导性案例,顾名思义,就是具有指导、参考意义的案例。由于我国现行体制并无判例的生存空间,而案例又具有适用的广泛性,指导性案例这一称谓无疑是折中的选择。① 在新中国指导性案例演变的过程中,类似指导性案例的用语还很多,如参考性案例、典型案例、新类型案例等。这些术语都小心翼翼地避免着让受众产生对判例的联想,这种态度或多或少都表达出某种犹豫态度以及心态的谨慎。直到 2005 年 10 月出台的《人民法院第二个五年改革纲要(2004—2008)》提出:"建立和完善案例指导制度,重视指导性案例在统一法律适用标准、指导下级法院审判工作、丰富和发展法学理论等方面的作用。"六年后的 2010 年 11 月 26 日最高人民法院《关于案例指导工作的规定》的颁布最终确认"指导性案例"名称的主导性话语形式。由于最高人民法院旗帜鲜明地表达对采纳"指导性案例"的称谓,该名称的压倒性优势地位被张扬,其他概念则被逐渐淡忘或者成为次要性术语。因此,所谓的"指导性案例"就是法官在审理案件时作出的具有典型性和参考性的,并经过法定机构以法定程序认可进而形成了相应裁判规则并符合法定形式的案例。

指导性案例源于案例,但与案例又有区别和联系。联系在于:案例包含指导性案例。案例通常是一个事实性的事物,如果某些案例中呈现有一些规范性的面相,且这些规范性的内容可以加以提取的,该案例就有可能成为未来的一个指导性案例。区别在于:其一,表现形式不同。案例是以判决为载体的案件事实处理结果,包括事实认定和法律适用过程。其表现形式就是判决书。而指导性案例是对判决书的提炼和总结,其内容包括案件简要事实、裁判结果以及由此推导出的裁判规则等等。其二,产

---

① 判例是表述判决先例名称可以考虑的一个重要术语,但因最高人民法院权力意志的强行介入,其发展过程出现了"短路"的倾向。刘风景:《"指导性案例"名称之辩正》,载《环球法律评论》2009 年第 4 期。

生过程不同。案例是法官审理案件结果,包括各级法院的案件审判结论。其是否成为案例完全取决于使用者的态度,即对同类案件是否产生影响难以确定。而指导性案例是经过最高人民法院审判委员会选拔并最终确认的,有正式的发现、推荐、决定,发布机构和程序,并有法定程序加以更新。其三,法律拘束力不同。案例可以成为重要参考,而完全没有法律拘束力。指导性案例不是正式法源,但具有事实拘束力,如违背指导性案例且明显造成司法不公,上级法院或者本级法院有权以法定程序加以纠正。其四,案例分为优质案例和劣质案例,两类案例可以从不同角度对司法适用和法律研究提供参考。而指导性案例是相应机构通过法定程序遴选的新型、疑难、复杂、重大、典型案例。它包括三个条件:裁判结果正确,裁判的社会效果与法律效果统一,具有指导性。①

　　尽管有最高人民法院的"正名",但"指导性案例"这一用语也遭到了诟病。在汉语中,"指导"意在"指点引导"。而"指导性案例"的名称恰恰似乎将案例定位于指点引导,在这里更多看到的是上级法院对下级法院的指导。即该名称强调了案例自上而下的权威而忽视案例本身所体现指导同类案件裁判的司法智慧和经验。而且,我国大陆法院系统的行政化倾向久已有之,尤其是在目前一些法官遇事请示庭长、分管副院长、审委会,下级法院遇事请示上诉审法院的惯性思维下,若只突出上级法院在案例指导中的权威,而忽视其他法院的积极作用以及案例中所延伸出来可贵的法理论证,可能培养出一批毫无建树和懒惰的法官,诱致我国案例指导制度走向错误。② 但也有学者不以为然,认为"案例由原来的示范意义和参考价值转变为指导意义,并因此而获得了事实上的拘束力。指导性案例通过案例来提示法官在法律规定不够清晰时,必须接受案例的'指导',以对当前正在审理的案件作出更为恰当的法律适用"③。因此,指导性案例通过对"指导性"的强调,强化案例的指导作用,以具有事实拘束力

---

　　① 胡云腾等:《〈关于案例指导工作的规定〉的理解与适用》,载《人民司法》2011年第3期。

　　② 参见刘风景:《"指导性案例"名称之辨正》,载《环球法律评论》2009年第4期。

　　③ 丁海湖:《案例指导制度研究》,西南政法大学2008年博士论文,第23页。

的方式,既不违背我国现行体制,又统一了司法适用。"实行案例指导制度,是一个折中的制度选择。它既表达了我们所欲实行的是一种'案例'指导制度,而不是完全的'判例'指导制度,同时也表明我们同过去有不同,要将'案例'上升到能够'指导'以后法院审判工作的地位,而不是像过去那样仅仅起到'参考'的作用。案例指导制度是一种有创新的制度,但不是一种新的'造法'制度,它在本质上仍是一种法律适用活动和制度。"①

(二)刑事指导性案例

顺着上文思路,我们可以推理出刑事指导性案例的概念。刑事指导性案例特指在刑事司法活动中,由特定司法机关编纂的,旨在为处理同类或者类似案件提供有效指导以统一司法适用、传递司法信息、提高司法能力,从而具有事实拘束力的案例。其特征如下:其一,与其他指导性案例不同,刑事指导性案例是在刑事司法活动过程中产生的包括刑法适用以及刑事程序法适用的指导性案例。就目前在"刑事一体化"思潮的影响下,二者统称为刑事指导性案例。其二,刑事指导性案例由特定司法机关创制,目前,最高人民法院和最高人民检察院(以下简称两高)均已出台《关于案例指导工作的规定》,这意味着两高都能成为刑事指导性案例的编纂主体。其三,刑事指导性案例是为处理类似案例提供参考和指导,具有规范自由裁量权、宣传司法理念、提高司法能力等功能。其四,刑事指导性案例具有事实的、实质的拘束力。需要提及的是,此处刑事指导性案例并非单指刑事实体法方面的案例,而且还包括证据适用等具有程序指导作用的案例,很明显的表现就是最高人民检察院所出台的很多案例就涉及这些方面。

二、本书语境下的刑事指导性案例

刑事指导性案例涉及的范围很广,它不仅包括对适用刑事实体法方面的指导,还涉及包括非法证据排除在内的适用刑事诉讼法方面的指导,

---

① 刘作翔、徐景和:《案例指导制度的理论基础》,载《中国法学》2006 年第 3 期。

还包括对执行法方面的指导；在我国大陆，制定这类指导性案例的主体既有最高人民法院又有最高人民检察院。在刑事实体法内容里，它还可以细分为定罪方面和量刑方面的具体指导。本书将刑事指导性案例限定于仅由最高人民法院编制的涉及定罪规则的案例。这样做主要基于两种理由：第一，最高人民检察院编制的指导性案例大多涉及适用诉讼程序的问题，而且由于没有经过法庭辩论亦即其所生产的司法规则未经控辩双方的理性论证即智力支持，其所形成的案例一般对辩方或审判法院很难产生影响力。第二，为集中讨论制定刑事指导性案例生成根据、现实基础和具体生成规律，同时系统运用刑法理论清晰定罪具体规则，笔者将刑事指导性案例的讨论缩至具体划定犯罪圈的案例的范围。这类指导性案例的性质、地位和作用明显不同于刑法规范和司法解释，三者又有紧密关联。

（一）刑事指导性案例与刑法规范

刑事指导性案例是针对个案事实裁定的规则的提炼，因此刑法规范是指导性案例成立的法律依据。二者的区别是：第一，刑事指导性案例来源于诉讼事件并由最高司法机关创制。刑法规范是立法机关立法活动的产物。第二，刑事指导性案例基本内容通常包括裁判要点、基本案情、裁判结果和裁判理由等部分，是对规范内涵的具体表达。刑法规范是规范性表述，即用法律术语完整概括司法规则。二者的联系是：刑法规范是体系性考察和具体论证个案事实性质的依据，它的原则与具体规则构成了这类刑事指导性案例的裁判要旨。

刑事指导性案例是法律适用过程中产生的对同类案件起到参考作用的案例，属于刑法适用的产物，其中裁判要旨，亦即主审法官在刑法适用过程中建立在对法规范充分理解基础上的、通过对案件争议焦点所涉及的法律问题进行评析后形成的、并为裁判结论所确立的规则。该规则对他及他的同行在后续同类案件中认定事实、适用法律具有启发、引导、参考甚至规范的作用，在很大程度上还能促成立法的改变，进而形成司法与立法间的互为因果的密切关联。裁判要旨，从字面含义来讲，是裁判的要点和宗旨，前者既针对事实又指针对事实择用法律，后者指对事实作出的法律评价，因而作为对刑法规范的具体应用，刑事指导性案例的裁判要旨与刑法规范承载的规则内涵的关系实质是指导性案例裁判规则与刑法规范的关系。归言之,"裁判要旨一般体现为对案件裁判规则的归纳"①。对于裁判要旨之具体所指,台湾地区民法学家王泽鉴先生认为,"(在台湾地区)'最高法院'就其历年众多的判决,经由判例会议慎重审核讨论,选定若干'足堪为例'的,采为判例,录其要旨,称为'判例要旨'"②。在香港地区,判例的表现形式"并非指某个案件判决的全文,而是指某一判决中所包含的某种原则或规则。在一个具体判决中,作为权威拘束后来法官裁判的唯一部分是案件据以判决的原则"③。可见,尽管因特有历史原因归属不同法系,无论是作为成文法系的台湾地区还是判例法系的香港地区,裁判原则(或称裁判要旨)在其司法过程中有着不可替代的重要的支配作用。这一方面表明在既有刑法框架下仍须细化裁判的规则;另一方面引出这样的追问,何为裁判规则?

刑法适用过程是刑法的一般规则在个案中得以体现的过程。通常情况下,法律人通过司法三段论论证方式,以刑法规定为大前提和个案事实为小前提从而得出裁判结论。法官通过法律规范的裁剪并同时对个案事实加以适用得出结论,从使三段论的思维方式得以实现。在面对非典型事实时,法官只能针对事实创造性解读刑法规则亦即创造性地将规则适用于事实,这一以法定形式向公众予以昭示的过程就是展示其合理的创造性地适用刑法规范的过程。如同古人所言,"徒法不足以自行",静态的法律必须通过司法活动变成动态的法律,其间包含了法律人对相关刑法规范的选择和规范内涵的解读,而解读本身又是一个思想加工的过程,由此生成的具体裁判规范包含着法律人创造性劳动。在这个意义上看,存在于每一案件裁判结论中的规则都是经过法官加工过的规则,进而作为文本意义的法律在司法过程中产生实际效力的阶段,裁判规则是对客观条文的主观化处理。与此同时,正是法官审理案件适用的"规范"不再是躺在法律文本中一般性、抽象性的表述,法官通过法律文本的解读将规范

---

① 郎贵梅:《论裁判要旨的性质、分类和编写》,载《人民法院报》2008 年 7 月 23 日第 3 版。

② 王泽鉴:《民法总则》(增订版),中国政法大学出版社 2001 年版,第 69 页。

③ 最高人民法院案例指导制度考察团:《香港判例制度、澳门统一司法见解制度考察报告》,载《人民司法(应用)》2008 年第 15 期。

转化成了具体的、可操控的和可经反复验证的规则,这种将生活事实转化为法律事实,进而产生个案规范——裁判规则,更接近生活常识和基本伦理规范,更能为诉讼当事人和公众所理解。

"裁判规则是指法官在具体案件的裁判过程中对法律进行解释的结果,是成文法规则的具体化。"①可见,存在于指导性案例中的裁判要旨不完全等同于一般案件判决书中的裁判规则。在刑事案件审理中,刑法条文是法官审理刑事案件的必要条件但不是充分条件,影响法官裁判的除了规范还有诸如个人的生活环境、受教育背景、体制限制、当事人的"贿赂"影响或者有权机构及个人的干扰等隐性因素,它们实质性地决定着裁判者对法律规范的选择和适用。因而每个案件都存在独有的裁判规则,其中只有经过有权机构以特定方式加以认可和提炼的裁判规则才能称为指导性案例中的裁判要旨。进而通过一审或二审法官审理案件的活动,案件结论经加工后定罪规则才可能清晰可鉴,其中那些运用法律准确、解释法义得当的具体规则才会被司法部门选定并向同行及诉控双方推荐,进而个案裁判规则才真正转变为裁判要旨。在这个层面看,裁判要旨的产生得益于审判法官及同行的心智和付出。裁判要旨产生的前提是:法官能够以刑法规范为基础,充分利用自身理论修养和职业经验,排除个人偏好,客观衡量法益;他能够根据普通人伦理情感和生活直觉形成正确的判断,而且他已经养成正确的法律思维习惯,进而形成优良的裁判规则,继而经最高人民法院加工成为刑事指导性案例的核心部分——裁判要旨。裁判要旨的存在价值不仅在于提供识别标准,消除"同案不同判",还在于为社会评估案件结论提供相对客观易识的标准,使法律规则为普通人所认知与认同。因此,不同于仅仅在单个案件中产生作用的个案规则,裁判要旨会对司法适用提供指导性参考。

(二)刑事指导性案例与刑法司法解释

刑法司法解释是特定司法机关就如何具体应用定罪规范进行的解释。司法解释以法律文本为对象,即有规范才有相应的解释,因而司法解

---

① 郎贵梅:《论裁判要旨的性质、分类和编写》,载《人民法院报》2008 年 7 月 23 日第 3 版。

释与刑法规范的关联相似于刑事指导性案例与刑法规范，它引出的问题是如何看待刑事指导性案例与刑法司法解释之间的应然关联。刑法司法解释由最高司法机关如何具体应用法律问题进行的解答。其中所谓最高司法机关是指最高人民法院、最高人民检察院，其他牵涉行业管理的政府部门虽然也能解释刑法分则条文规定的具体构成要件，但必须在两高尤其是最高人民法院主持下才能参与刑法的解释。正式司法解释的类型包括"解释""批复""规定"等等。刑法司法解释具有以下特征：一是解释主体的特定化。按照法律的规定，刑法司法解释的主体只能是最高司法机关，即最高人民法院和最高人民检察院。事实上，各地地方司法机关（通常是省级的）也根据最高司法机关制定的司法解释，自行制定涉及刑事法律的规范性文件，这些可以称为"二级司法解释"。这些没被"正名"的解释，对于统一该地区司法适用具有一定的积极意义。但由于法律明文规定只有两高具有司法解释权，故这类解释不是严格意义上的司法解释。二是刑法司法解释具有法律效力。司法解释经公布生效后即时产生法律约束力，法官在裁判中可以直接援引司法解释作为裁判的依据。刑事指导性案例实质就是经最高人民法院认可的司法人员个别解释。个别解释是法官个人在刑法适用过程中对刑法的理解，只针对具体个案，不具有普遍的既判力。既然是个别的解释，那么就会存在良莠不齐的情况。为了发挥优质个别解释对其他案件的参考作用，又避免劣质个案解释误导他人，最高司法机关以法定程序将优质个案解释固定下来，刑事指导性案例就此产生。

其实，如果把刑法的适用归属司法解释，不难发现"每一个法规范都需要解释，即使表达清楚的条文也需要解释"①，既然对刑法条文的具体解释不只是立法者在刑法中设置的解释性条文，不限于两高解释形式，也不只是来自学界的学理性诠释，刑法解释等同于刑法的具体适用，刑法司法解释就应当是适用刑法过程中必然存在的现象。相对于静态的稳定的宏观法——刑法而言，适用刑法是活法、个案法，刑法规范（宏观立法）通

---

① ［德］汉斯·海因里希·耶塞克、托马斯·魏根特：《德国刑法教科书（总论）》，徐久生译，中国法制出版社 2001 年版，第 190 页。

过适用解释具体化为个案判决(微观立法)。① 由此可见,刑法法律适用解释并不仅仅包括最高司法机关创制的司法解释,司法解释与司法人员在个案中对刑法的理解——法官的个案解释②,与之共同构成了刑法司法解释。只是由于我国现行法律机制已将刑法司法解释概念专门化,人们不得不将其与个案解释区别开来。

如果非要分清二者的关联,可以从以下几个方面进行解读:(1)被现行机制正式确认的刑法司法解释具有与刑法典相似的形式,即解释体系由条、目、款等层次组合而成,解释以概念为主且形成概念链条,一个司法解释中可以有多个司法规则,如最高人民法院《关于审理毒品犯罪定罪量刑标准有关问题的解释》就是针对《刑法》第六章第七节的相关条文进行的逐条解释,它们涉及认定毒品范围、数额、行为特征等多个规则。而个案解释是审理案件的法官针对具体案件事实就适用法律所作说明,所谓审理案件的法官指负责案件一审或二审的法官,他们对刑法的解释不可能采取抽象解释方法,由此生成的规则往往较为单一。效力不同,司法解

---

① 储槐植:《刑法存活关系中——关系刑法论纲》,载《法制与社会发展》1996年第6期。

② 检察官对个案的解释是否构成有指导效力的个案解释是个值得思考的问题。从现有体制来看,立法和实践似乎是将刑事指导性案例的创制权划给了最高人民法院和最高人民检察院,理由在于:首先,从立法设定来看,全国人大常委会《关于加强法律解释工作的决议》规定两家都有司法解释权;其次,从实践来看,两家单独或者共同地发布司法解释不在少数,对刑事司法实践起到了积极的指导作用。但就诉辩双方权利对等角度看,如此确认其效力值得斟酌。首先,从世界各国的实践来看,检察机关解释法律的状况似乎只有我国独有,而且提起公诉方解释法律,这对任何被告来说似乎都不太公平。其次,检察机关解释法律并不符合公、检、法机关互相制约、互相配合的刑事司法原则。最后,检察机关解释法律不能很好地贯彻到刑事审判工作中,因为设立指导性案例的目的是为了规范法官的裁判,通过将法官的司法智慧和经验以案例的形式固定下来,以指导刑事审判工作,法官适用最高人民法院制定的指导性案例都还需要长时间的培养和熏陶,对检察机关指导性案例的援引和学习有无必要值得探讨。本文认为,刑事指导性案例的效力只能由最高人民法院确认,理由有二:其一,全国人大常委会授权"两高"解释法律的精神实质在于,最高人民检察院解释检察工作中适用法律、法令的问题。同理,最高人民法院解释审判工作的法律、法令问题。而刑事指导性案例是审判的产物,检察机关享受此项权力于理不通。其二,最高人民检察院对刑事司法的解释属于当事人的解释,其实质等同于被告人及其辩护人基于辩护权所做的解释一样,只能代表一方的意志,并不能影响审判机关作出结论。

释公布生效既具有普遍的法律效力,各级司法机关如无充分理由都应当认真遵循。而后者的效力取决于后续审理的案件与本案情形相似的前提,法官就选择哪一案例作为依据具有较大余地。(3)表现形式不同,刑事指导性案例是在刑事司法适用过程中产生的,就案件事实与适用法律所作出的解释,其表现形式通常是由最高人民法院进行改装过的刑事判决书。它具有灵活、具体的性质,也更具鉴别性。可以说,刑事指导性案例是对刑法规范动态的阐述。刑事司法解释是对刑法规范普遍的、抽象性的解释,也即用规范性语言解释规范的解释形态,是针对刑法规范静态的阐述。(4)作用不同,同刑法规范一样,刑法司法解释也是一次性解释,其产生后通常不易变更,适用中遇到新问题还会存在再一次被解释的可能,这无法逃脱无止境地规范解释规范的窠臼。而"刑事判例(指导性案例)制度充分发挥其作用,在遇到新情况时,就可通过'区别技术'来修改、解释(发展)判例(指导性案例)"①。二者还存在功能互补,刑法司法解释是刑法条文的细化,有助于使用者的理解,但规则无论如何细化,还是规范。而指导性案例的作用"实际上是要增加理解者的经验成分,使生硬的规定变成活生生的经验,使法典理性与司法经验在法律人的头脑中融为一体"。② 因此,刑法司法解释对刑事司法适用过程中产生的问题进行阐述,而指导性案例则通过具体事实强化对规范的理解。

刑事指导性案例把抽象的刑法条文甚至刑法司法解释与案件事实结合起来,形成指导性案例,其颠覆了传统的司法解释的抽象解释的形式,二者都属于刑法解释体系的范畴。这是极具我国特色的刑法解释体系,因为通常,"在大多数西方国家,司法解释就是法官对制定法的解释,这是明白无误的,尽管在他们的法律里可能找不到一个司法解释或法官释法的字眼,但这似乎成了不言自明的事情。"③因此在西方国家,司法解释就是法官解释,而我国则存在司法解释和个别解释(指导性案例)二元解释

---

① 何慧新:《刑法判例论》,中国法制出版社 2011 年版,第 15 页。
② 陈金钊:《法律解释学——权利(力)的张扬与方法的制约》,中国人民大学出版社 2011 年版,第 17 页。
③ 董皞:《司法解释论》,中国政法大学出版社 1999 年版,第 11 页。

体制。但是,现行的司法解释面临责难:"法治国家经验表明法律的模糊性正是其生命所在,其模糊性应当留待司法机关在适用时予以清晰化,希冀用统一司法解释去填充立法无法覆盖的模糊领域,恰恰与立法本意和司法适用的特性大相径庭。"①因此,如下建言不无道理:司法解释的任务在于使法律规则更为具体、明确和富有针对性,为此司法解释应当向具体化方向发展,最高人民法院应尽可能针对法律适用问题以具体的判例形式公布,从而使司法解释判例化。② 可见,就长期目标来看,完全可以通过刑事指导性案例产生的规则来约束和指导法官办理同类或者类似案件,淡化现行刑事司法解释的功能。

三、刑事案例指导制度历史沿革

(一)中国古代判例制度历史沿革

作为拥有几千年悠久历史的国度,中国是最早适用先前判决作为判案依据的国家之一。不同朝代,这类先前判决有不同称谓,也有不同的作用和地位。秦律谓之"廷行事","廷行事"乃法廷成例,类似于我们现在所称的判例,秦律《法律答问》里有七处允许以"廷行事"为断狱依据。汉时所称"决事比",该名称出自汉代法律形式中律、令、科、比中之比,即以类似案件断狱结果为比较从而作为裁判的依据。当时,死罪"决事比"就已经有14372条,这是经过皇帝、廷尉同意而在司法中可以援引的案例,从而形成了中国古代最早的判例法。唐时之"法例",宋时之"断例"源自于"法所不载,然后用例"的规定,其理由在于"法令虽具,然吏一切以例从事,法当然而无例,则事皆泥而不行"③。以及明之"诰"、清之"成例"等等。典型的就是《明大诰》,该诰是明朝初期朱元璋在位时为了从重处理犯罪特别是官吏犯罪而出台的一种特别刑事法规。是朱元璋将自己亲自

---

① 参见蒋集跃、杨永华:《司法解释的缺陷及其补救——兼谈中国式判例制度的构建》,载《法学》2003 年第 10 期。

② 参见王利明:《司法改革研究》,法律出版社 2001 年版,第 252~258 页。

③ 参见《宋史·刑法志》。

审理的案件加以汇总,再加上就案而发的言论(类似于裁判要旨),所形成的一种训诫臣民必须严格遵守的刑事特别法。大诰处罚比《大明律》都要重,而且前者效力在后者之上。到了这个时期,案例的地位得到前所未有的加强,曾一度达到顶峰。在清朝,其法律就是直接以律、例合体的混合法体例,1974年颁布的《大清律例》条文436条,而例则为1409条。其后,尽管该法典多次修改,但律文变动不大,而所附例则不断增多,导致"以例废律""以例代律"恶名远播。

1904年到1912年晚清之辛亥革命期间,内忧外困,清政府迫于压力而修改法律,史称"清末修律"。晚清政府从日本请来数十位法学博士,编写教材,开学讲课,培育年轻贵族和新式法官,试图通过学习日本,仿效欧洲的成文法,建立类似欧洲的法律体系和司法体制。尽管其间制定了很多法律,但是不同的国情与文化差异,导致了适用的障碍。于是,1912年至1928年,晚清大理院创制了大量判例,以弥补成文法的不足,判例法再次获得无上荣宠。清朝灭亡后,国民党全面实行成文立法,"六法全书"意味着较为完备的法律体系的建立,然而,该"六法全书"中也并非全然是成文法条,它还包含了很多案例。20世纪40年代后,我国自晚清开始的向大陆法系一边倒的局面开始扭转,转而向英美法系靠拢,当时的《法院组织法》规定成立案例委员会,就如何选择案例、公布案例、案例更新等问题规定了一系列制度。

(二)当代嬗变中的案例指导实践

新中国成立后,碍于当时条件,法院审判的主要依据是政策,刑法、民法、诉讼法等基本法律还没有颁布,总结案例成为最高人民法院指导审判工作的重要形式之一。为此最高人民法院从20世纪50年代初开始,就通过选编案例来总结审判经验,统一司法适用。最著名的莫过于《一九五五年以来奸淫幼女案件检查总结》,经最高人民法院审判委员会1957年4月30日第二十六次会议通过印发全国各级人民法院参酌试行。这一时期,由于刑事法典的缺失,司法机关在处理刑事案件时,定罪量刑存在极大的不一致,据统计,1217 件故意杀人案件中,竟然有 217 个罪名。[①]为了改变这种混乱局面,1955 年 10 月,作为最高人民法院院长的董必武同志提出要对刑事案件的罪名、刑种和量刑幅度进行总结,经过最高人民法院组织力量在各级法院审结的 19200 件刑事案件中,筛选出 5500 个案件作为研究问题的基础材料,在借鉴了新中国成立以来刑事审判经验的基础上,进行综合判断。最终拟定了当时刑事审判工作通用的 9 类罪、92 个罪名和 10 个刑种。经过总结,最高人民法院给判处死刑的故意杀人案件附了 7 个案例,判处徒刑 10 年以上的附了 4 个案例,另外还有两个补充案例。[②]

改革开放以后,大量成文法涌现,全国人大颁布了包括刑法、民法、诉讼法等在内的基本法,有计划地逐步建成我国特殊的法律体系。其中,成文法的大量出台并非意味着案例的消失。20 世纪 70 年代末至 1985 年期间,最高人民法院通过内部文件形式下发刑事案例。比较典型的如"刘殿清案反革命"案件,1983 年三批选编了 75 个刑事案例,1985 年又选编了"徐旭清破坏军人婚姻罪"等 4 个案例。1985 年 5 月 25 日,《中华人民共和国最高人民法院公报(第一号)》正式出版。而作为最高人民法院的常规性公开文件,公报定期刊登的是国家颁布的重要法律、法令和立法解释,最高人民法院有关审判工作具体应用法律问题的批复、解答各类司法解释,最高人民法院审判委员会作出的决定和讨论通过的刑事、民事、经济案例,以及最高人民法院重要会议的报道和需要公开发布的文件以及有关法院的设立、撤销等内容。公报的首期就发布了 15 个案例,其中刑事案例 8 个,民商事案例 7 个。将案例定期在公报上发布,表明我国的案例指导工作已经朝着常态化方向发展。其后的 1992 年 10 月,最高人民法院设立中国应用法学研究所,编写《人民法院案例选》(分刑事、民事、经济、海事、行政五类),旨在"及时反映法院审判工作的基本状况和执法水

---

① 黄晓云:《案例指导制度的历史沿革》,载《中国审判新闻月刊》2011 年 1 月 5 日,第 59 期。

② 参见黄晓云:《案例指导制度的历史沿革》,载《中国审判新闻月刊》2011 年 1 月 5 日,第 59 期。

平,总结经验教训,指导审判业务,宣传社会主义法制,增强审判工作的社会效果"。1992 年 12 月,中国高级法官培训中心(国家法官学院前身)与中国人民大学法学院开始联合编写《中国审判案例要览》(分刑事、民事、经济、行政四类)。自 1999 年起,最高人民法院各审判庭相继编写系列审判丛书,包括《刑事审判参考》《刑事审判案例要览》《民事审判指导与参考》《审判监督指导与研究》《行政执法与行政审判》《中国涉外商事海事审判指导与研究》《经济犯罪审判指导与参考》等等①。

　　2005 年《人民法院第二个五年改革纲要(2004—2008)》发布,明确提出建立和完善案例指导制度,这是最高人民法院第一次以文件的形式表明指导性案例的态度,要求"重视指导性案例在统一法律适用标准、指导下级法院审判工作、丰富和发展法学理论等方面的作用"②。经过五年对指导性案例的合理性论证和中央到地方的各类实践,在总结各方面成败得失的基础上,在各级法院的努力下,2010 年 11 月 26 日,法院系统案例指导工作的纲领性文件——《关于案例指导工作的规定》(以下简称《规定》)出台,该《规定》是最高人民法院关于指导性案例相关规定的最新进展。2011 年 12 月最高人民法院开始公布首批四个指导性案例,至今,最高人民法院已经发布六批指导性案例,其中刑事指导性案例 6 个,包括两个故意杀人被判处死刑缓期执行并限制减刑的案例,两个贪污、贿赂案例,一个买卖、储存危险物质犯罪的案例还有一个关于"禁止令"执行的案例,对这些案例的分析后文会有所提及。

---

　　①　最高人民法院也会联合其他机构出版刊物,此外也有最高人民法院领导主编的若干书籍,这类刊物和书籍也会刊登部分案例,并对其有评述。此处就不再赘述。
　　②　参见最高人民法院:《人民法院第二个五年改革纲要(2004—2008)》。

第二节　刑事案例指导制度分析

一、刑事案例指导制度界定

刑事案例指导制度是涉及刑事指导性案例生成、编纂以及适用的制度总称。它是案例指导制度的重要组成部分。案例指导制度在最高人民法院《人民法院第二个五年改革纲要（2004—2008）》（以下简称《纲要》）已经明确为司法改革的重要方向。该《纲要》第二部分第13项对其结构框架作了简要规定："最高人民法院制定关于案例指导制度的规范性文件，规定指导性案例的编选标准、编选程序、发布方式、指导规则等。"由此可以推断，刑事案例指导制度的内容应当包括：确认刑事指导性案例的发布机关，细化编选条件和遴选程序，建立发布平台，明确效力等。

目前，中国大陆法院系统并未明确界定刑事案例指导制度的含义，就学理而言，刑事案例指导制度指法官在审理案件过程中选择以往案例中的裁判规则作为执法参照的系统做法和规范性要求。

（一）"指导"内涵

刑事案例指导制度有三个关键词：刑事案例、指导、制度。刑事案例的定义前文已经论及，在此重在阐释指导的含义。

最高人民法院在《纲要》中采用了"案例指导制度"的表述，而且2010年11月最高人民法院《规定》也延续了这一称谓。所谓"案例指导制度"区别于制度化程度且效力更高的判例制度，它重在反映中国大陆现行法律框架下的案例指导司法活动的基本特点。所以被最高人民法院选定和推广的刑事案例究竟在多大程度上发挥指导作用成为关键问题。目前对于案例指导制度的定位，学术界看法基本一致，尽管表面上存在两种说法。一是过渡性质说。我国的案例指导制度，无论从内容上还是形式上，不同于过去最高人民法院定期公布案例的做法，也不同于英美法系及大陆法系的判例制度,它是走向中国特色判例制度的一种过渡性质的制度。从这个意义上看,所谓过渡性既是对现有中国案例编纂制度的超越,又是与发达国家奉行的判例规则的接轨。① 二是折中性质说。中国大陆当下所试行的案例指导制度既表达我们实行的是"案例"指导制度而非"判例"指导制度,又表明法院系统为增强自身规范化程度而正在做出巨大努力,即与过去仅凭法官零散性经验不同,案例指导制度是将案例中的裁判要旨提升到能够"指导"法院审判工作的地位,而非仅仅是如同以前的"参考"的作用。在这个意义上看,案例指导制度本质上还是一种法律适用制度。② 上述第一种观点所建立的基点在于我们最终是要建立判例指导制度,指导性案例的效力与法律具有同等效力,在某种程度上属于法的一种形式。后一种观点则恪守法律适用的领地,似乎更重视防止司法权僭越立法权。但它们在提升案例指导效力的目的上是一致的。案例指导制度中的"指导"不同于规范的"遵守":刑事规范受制于罪刑法定原则而且由立法加以规定,具有强制性,所有人必须遵守;而案例指导制度中的"指导"意在"指点引导"。就此意义下,案例指导是通过两个相近事实的比照引用,帮助我们更好地理解规范。

当然,定位于指导仍会引出这样的问题,那就是司法机关是否会静悄悄地"篡夺"立法权限的问题。从这个层面上看,以上两种观点中后一种观点更为可取。姑且不论我们是成文法国家,即使我们认可判例的存在,现有宪政体制肯定不会允诺。第二种观点侧重于将指导性案例定位于一种法律适用的指导标准,这至少不违背我国立法、司法权力设置的框架。这似乎也符合决策层的意愿,即把案例指导制度定位为司法适用制度,这从历年来发布的文件中可见一斑。2005年,最高人民法院印发《纲要》,在"改革和完善审判指导制度与法律统一适用机制"部分,提出"建立和完善案例指导制度,重视指导性案例在统一法律适用标准、指导下级法院审判工作、丰富和发展法学理论等方面的作用"。2009年2月,中央政法委

① 参见周佑勇:《作为过渡性措施的案例指导制度》,载《法学研究》2006年第3期。
② 参见杨立新:《中国司法改革的中庸之道》,http//www.yanglixin.com,访问日期:2012年12月1日。

出台《关于深入学习实践科学发展观解决政法工作突出问题的意见》,强调司法公正是政法工作的生命线,要求"要建立和完善法律统一适用机制,进一步规范自由裁量权。中央政法机关要加快构建具有地域性、层级性、程序性的符合中国国情的案例指导制度,充分发挥指导性案例在规范自由裁量权、协调法制统一性和地区差别性中的作用,减少裁量过程中的随意性。把执法规范化建设贯彻于执法活动的全过程和每一个执法岗位"。2010 年 12 月,最高人民法院印发《规定》的出台背景是"为总结审判经验,统一法律适用,提高审判质量,维护司法公正"。由此可见,将案例指导制度定位为一种法律适用机制目的在于加强业务指导、统一法律适用。

既然将案例指导制度定位为一种法律适用机制,那么,刑事指导性案例的效力应该略等同于司法解释效力。大陆法系国家判决的效力在于其产生依据为国家有权机关所指定的规范性文件,而普通法系法院判决的效力源自先例的拘束力。我国作为制定法国家,只能是在中国现有的司法体制下,借鉴英美判例法的一些具体做法,通过对指导性案例的遵循,使相同或大体相同的案件获得类似处理,以规范法官自由裁量权从而统一法律适用。对此,最高人民法院研究室相关负责人认为:最高司法机关发布的案例对各级司法机关已经产生了事实上的拘束力,如果没有相应的强制效力,则具有明显的任意性和非规范性,因此,应当将指导性案例视为司法解释的一种新形式。[①] 更缓和的说法是:我国现行的司法制度,"案例指导"处于辅助成文法和司法解释等规范性法律文件的阶位,但其地位、影响和效力明显高于一般性的案例(一般性的案例仅约束案件的当事人),具有具体、明确的指导作用;同时,"案例指导"虽然不具有成文法和司法解释普遍的约束力,但具有对同类型案件实际的拘束力,本院和下级法院必须充分注意并顾及,否则,如明显背离并造成裁判不公的,将产

---

① 胡云腾等:《〈关于案例指导工作的规定〉的理解和适用》,载《人民司法》2011 年第 3 期。

生一系列后果。① 可见案例指导制度案例的"事实拘束力"大致和司法解释相当。

但是,《规定》措辞具有一定含糊性,这使指导性案例的"事实拘束力"大打折扣。表现在"应当参照"是《规定》赋予指导性案例的效力,但此种表述使其含义笼统、模糊。首先,"参照"在司法裁判中是一个固定用语,其与"引用"是相对的,"参照执行"和"直接引用"是对规范性法律文件效力位阶的一种区分。其次,"参照执行"在字面含义上似乎并没有必须遵守的含义,存在一个自由选择的维度。然而,"参照"之前又有"应当",那么,这也在一定程度上给指导性案例究竟是强行义务还是软性指导的定位留下了合理怀疑的空间。具体而言,一方面,法官有义务关注先前的指导性案例,这也是与参考性案例的区别所在。在此前提下,法官可以将案例指导规则作为裁决案件的理由加以阐述。另一方面,法官在裁决案件时又不具有遵照执行指导性案例的强制性义务。② 而且,《规定》对不参照指导性案例的程序负担、法律后果等方面并没有论及,参不参照都在法官的一念之间,这在某种程度上影响了指导性案例的效力。

(二)制度的内涵

刑事案例指导制度是司法制度的重要组成部分。所谓制度泛指在一定历史条件下形成的体制(权力架构)和体制(管理要求)。刑事案例指导制度指法官在审理案件过程中选择以往案例中的裁判规则作为执法参照的系统做法和规范性要求。其内容包括刑事指导性案例的发布机关、编选条件、遴选程序、建立发布平台、明确效力等方面。由于刑事案例指导制度是适用于刑事司法过程中的一种司法适用制度,刑事司法的主要角色是侦诉、辩护和审判三方,刑事司法过程是三者的互动(自诉案件包含自诉、审判阶段)。可见无论哪种诉讼类型必须建立在控、辩双方充分博弈的基础之上。此外,刑事案例指导制度内容丰富,不仅涉及刑事实体法,还包括刑事程序法、刑事执行法等相关法律。其中,程序法的适用涉

---

① 北京社科规划办"案例指导制度研究"课题组:《完善和规范案例指导制度应明确的问题》,http://www.bjpopss.gov.cn/bjpssweb/n28511c31.aspx,访问日期:2013 年 7 月 15 日。

② 黄伟东、赵峰:《关于案例指导制度的构建和完善》,载《山东审判》2009 年第 4 期。

及公、检、法之间的职能配合,刑事执行法又涉及法院、监狱与其他政府管理部门甚至社区矫正组织之间的工作衔接和协调。因此,实施刑事案例指导制度涉及机构并不仅仅是人民法院,这意味着制度构建需要政治决策层的顶层设计,在制度成熟时需要立法的确认。而且既然是司法制度,刑事案例指导制度必须具备常态化和系统化的特征。根据《立法法》的规定,即使是以最高人民法院为主导的司法制度且是专属于法律事项的内容,也应当由全国人大及其常委会予以确认。

现阶段探索案例指导的制度化是由最高人民法院试行和主导的。针对这一现象,围绕最高人民法院审判委员会能否独家宣布设立案例指导制度的问题,学界既有赞同的声音也有质疑的声音。围绕这个问题赞同者认为,案例指导制度是司法制度的发展方向,表明司法者有权解释宪法,比如最高人民法院关于"齐某苓案批复"[①]是最高人民法院以司法解释的形式享有了解释宪法的权力。[②] 另一些学者则担心案例指导制度的取向会像"齐某苓案批复"那样静悄悄地自行收回[③]。因为论者认为最高人民法院不能行使"宪法司法审查"职能,由此而担心指导性案例更有可能以绵里藏针似的方式进行立法解释和漏洞填补,而这些对立法权的越

---

① 齐某苓和陈某琪原同系山东省某市第八中学初中毕业生,1990 年齐某苓通过了中专预选考试而取得了报考统招及委培的资格,而陈某琪在中专预选考试中落选。同年齐某苓被东山某市商业学校录取,但齐某苓的录取通知书被陈某琪冒领,陈某琪以齐某苓的名义到某市商业学校报到就读。1993 年毕业后,陈某琪继续以齐某苓的名义被分配到中国银行某市支行工作。1993 年齐某苓在得知陈某琪冒用其姓名上学并就业这一情况后,以陈某琪及有关学校和单位侵害其姓名和受教育权为由诉至法院,要求被告停止侵害,并赔偿经济损失和精神损失。最高人民法院 2001 年 8 月 13 日《关于以侵犯姓名权的手段侵犯宪法保护的公民受教育的基本权利是否应当承担民事责任的批复》法释〔2001〕25 号,认为陈某琪等以侵犯姓名权的手段,侵犯了齐某苓依据宪法所享有的受教育的基本权利并造成了具体的损害后果,应承担相应的民事责任。该案直接以宪法进行判案,被称为"宪法司法化第一案"。

② 季卫东:《合宪性审查和司法权的强化》,载《中国社会科学》2002 年第 2 期。

③ 该司法解释发布不久就在内部停止使用。2008 年 12 月 28 日,最高人民法院以"已停止使用"为理由通过法释〔2008〕15 号宣布废止该司法解释。

位甚至"僭越"，超出了《宪法》和《立法法》的界限，进而导致制度设置出现败笔。① 笔者认为，现阶段最高人民法院主导指导性案例的制度化具有合理性。因为案例指导制度中的指导性案例处于辅助成文法和司法解释等规范性法律文件的阶位，其作用大体类似于司法解释。案例适用是法官通过运用前案法官的司法智慧将规范形成具体的、可操控的和可经反复验证的规则，运用于同类案件的审理。现阶段最高人民法院仅仅将这种政策话语权和规则制定权限定于法院内部关于审判事务的指导性参考。因此，作为重要的司法机构，法院系统理应发挥关键作用。而且，法院也愿意发挥这种关键作用，因为司法审判的最大特点是被动性，不能积极对社会需求有所回应。因此法院系统迫切需要建立制度来确认案例的效力，以此提升法院司法权的地位，使得其能在公民与强大的政府之间形成真正意义的平衡力量。而且，依据全国人大常委《关于法律解释工作的决议》中的相关规定②，结合目前现状，案例指导制度仅仅由最高人民法院发布相关规定加以设立，其合宪性和合法性在已确认其与司法解释关系的基础上倒是不会受到太多质疑。

然而，案例指导制度效力能否得以保障是存疑的。因为从现实情况来看，刑事案例指导制度也并非因为最高人民法院公布相应规定就具有了现实基础。一方面，刑事案例指导制度有可能得不到其他机构认同，导致最高人民法院在系统内部"自娱自乐"。因为从指导效力方面来说，表面上看来刑事指导性案例是为法官审理案件提供借鉴和指导，法院系统内部进行审判指导似乎无可厚非。但是，上文已经论及，刑事司法过程涉及相对多部门以及诸多法律，仅仅由审判机关包揽这一浩大工程，没有其他配套法律支持和顶层设计，最高人民法院所推出的刑事案例指导制度必然是"孤掌难鸣"，并不易得到其他机构的支持，这也是为什么检察系统对案例指导制度的构建并不太热心的原因。另一方面，这种系统内的"自弹自唱"又容易导致指导性案例失控。因为就指导性案例的生成而言，无

---

① 参见李仕春：《案例指导制度的另一条思路——司法能动主义的有限适用》，载《中国法学》2009 年第 6 期。

② 凡属于法院审判工作中具体应用法律、法令的问题，由最高人民法院进行解释。

论生成主体、路径还是数量以及质量均由最高人民法院掌控,这种系统内部的自我约束机制难免有"闭门造车"之嫌。而且,最值得注意的是,部门利益在生成机制里必然占有一定比重,自我调节难免避重就轻。这并非以"小人之心度君子之腹",因为不受监督的权力极易超越权力界限,而这尤其需要系统外部和上游机构的监督和调控。但是指导性案例事先并不报全国人大常委会知晓,事后也并不备案,这样的上级监督形同虚设,更遑论外部同级机构的监督了。正如有学者所说:如果下级法院在判决书中援引最高人民法院或者本辖区高级人民法院的指导性案例作为裁判理由,检察院必然难以对其行使法律监督权。[①] 因此,司法制度的设置往往不能由司法权自身完成,除非涉及司法权内部的事务,否则一律需要立法构建。由此可见,案例指导制度的构建确实还有些许障碍,现阶段只能在最高人民法院的逐步探索过程中,待机制和体制都逐步清晰的情形下通过最高立法机关的立法确认,案例指导制度才能正式确立。综上,现阶段言及刑事案例指导制度的"建立"还为时尚早,现有的制度构架可以称为"雏形"。

二、刑事案例指导制度的现状

尽管制度设置的机制和体制还没有完全清晰,但毕竟这也算是"制度雏形"。而且中肯地说,案例指导制度确实是最高人民法院自身探索和实践的结果。

(一)行进中的刑事案例指导实践

一直以来,最高人民法院非常重视统一法律适用,尤其是刑法的统一适用问题。在大量颁布的案例中,刑事案例占有极大比例,并希望通过统一刑法适用体现法律的公正和平衡,而且这种努力通过个案批复以及发布案例等形式加以体现,这是值得肯定和坚持的。

有学者的观点很中肯,认为最高人民法院大量的批复都是针对个案

---

① 李仕春:《案例指导制度的另一条思路——司法能动主义的有限适用》,载《中国法学》2009 年第 6 期。

的,这种个案批复是"最高人民法院就案件定罪或量刑中的问题所作的批复,它是就该请示问题所作的价值判断"[①]。而这种批复其实就是指导性案例的简写版。如《最高人民法院关于在林木采伐许可证规定的地点以外采伐本单位或者本人所有的森林或者其他林木的行为如何适用法律问题的批复》(法释〔2004〕3 号)规定:"采伐许可证规定的地点以外,采伐本单位或者本人所有的森林或者其他林木的,除农村居民采伐自留地和房前屋后个人所有的零星林木以外,属于最高人民法院《关于审理破坏森林资源刑事案件具体应用法律若干问题的解释》第五条第一款第一项'未经林业行政主管部门及法律规定的其他主管部门批准并核发林木采伐许可证'规定的情形,数量较大的,应当依照刑法第三百四十五条第二款的规定,以滥伐林木罪定罪处罚。"[②]该批复的背景是刑法规定过于简单导致司法认定处于某种迷茫状态。详言之,《刑法》第 232 条规定,"违反森林法的规定,滥伐森林或者其他林木的,数量较大的,以滥伐林木罪定罪处罚"。但对此规定,法官在审理案件过程中还需要对"滥伐林木"的行为进行进一步分析。为了清晰界限,2000 年最高人民法院审判委员会通过了最高人民法院《关于审理破坏森林资源刑事案件具体应用法律若干问题的解释》(法释〔2004〕36 号),对盗伐林木罪和滥伐林木罪的认定及数量认定标准等问题作了规定。其中,第 5 条第 1 款第(1)项规定,"未经林业行政主管部门及法律规定的其他主管部门批准并核发林木采伐许可证,或者虽持有林木采伐许可证,但违反林木采伐许可证规定的时间、数量、树种或者方式,任意采伐本单位或者本人所有的森林或者其他林木",数量较大,以滥伐林木罪定罪处罚。但该内容有一些疏漏,就是仅仅规定"违反林木采伐许可证规定的时间、数量、树种或者方式"的行为,没有论及"地点"的问题。而实务中当持有林木采伐许可证的行为人在林木采伐许可证规定的"地点"以外,采伐本单位或者本人所有的森林或者其他林木的,数量较大的情形出现时,能否以滥伐林木罪定罪处罚,实务中就存

---

①　何慧新:《刑法判例论》,中国法制出版社 2001 年版,第 16 页。

②　最高人民法院刑一、二、三、四、五庭主办:《中国刑事审判指导案例》(第 4 卷),法律出版社 2008 年版,第 391 页。

在分歧。于是,最高人民法院根据下级法院的请示,以批复的形式将"超越采伐许可证规定地点"之外的采伐行为,明文规定为滥伐林木罪。该批复简明扼要地把"地点"明确划定为滥伐林木罪的评价范围,清晰了该罪的处罚范围。批复的出台并非跨越刑法界限而是对刑法规定的明确化,作用类似于裁判要旨。由此看来,个案批复实际上是省略了论证过程的指导性案例简写版,其裁判要旨在清晰规范含义方面起到了很大作用。

此外,从 1957 年 4 月 23 日最高人民法院在《关于处理奸淫幼女案件的经验总结和对奸淫幼女罪犯的处理意见》的基础上通过了《1955 年以来奸淫幼女案件检查工作总结》到目前,最高人民法院自 2010 年出台《规定》以来所发布的六个刑事指导性案例。《最高人民法院公报》以及其他各种半官方的案例选编,虽然不具有拘束力,但是帮助地方各级法院的法官学习了判决中蕴含的法律知识和裁判技术、风格,同时判决的态度反映了最高人民法院在此类问题上的倾向性意见,从而指导地方各级法院对同类案件的裁判活动。[①] 这些工作或者措施可以看出最高人民法院在推进刑事指导性案例制度化进程中所作出的巨大努力。但是,尽管最高人民法院不遗余力地推进刑事案例指导制度,本书也并非全是溢美之词,因为"制度雏形"本身还是存在一定问题。但是看清问题是解决问题的先导。只有逐一看清楚并逐渐解决,防止司法解释久已诟病的负能量在刑事案例指导制度中"死灰复燃",才能为将来正式建立刑事案例指导制度打下良好基础。

(二)现有不足之处

或许是从开创的弹性设置考量,最高人民法院《规定》寥寥十条并不能完全解决指导性案例制度化进程中的诸多问题。

1. 生成条件规定粗糙。如最高人民法院《规定》第 2 条[②]规定了指导

---

① 左为民、冯军:《司法和传媒的契合——最高法院的出版物研究》,载左为民等:《最高法院研究》,法律出版社 2004 年版,第 430 页。

② 《规定》第 2 条:指导性案例的选取条件:社会广泛关注的,法律规定比较原则的,具有典型性的,疑难复杂或者新类型的,其他具有指导作用的案例。

性案例的选取条件。以"社会广泛关注"条件为例子,一件普通的故意杀人案件,可能因犯罪嫌疑人或被害人的特殊身份,或者杀害手段极端残忍等原因而引起社会关注,但在法律适用方面可能根本不具有示范性与代表性。如果将此类案例编选为指导性案例,那么宣传意义大于法律意义。而"典型性"则内涵过于宽泛,既是指导性案例的共性特征,又是指导性案例的个性条件,这就在逻辑上存在混乱,使案例编选条件不具有可辨别性。显然,《规定》第2条应是指导性案例的必要但不充分条件。

2.生成内容标签化。正是现实中如此抽象且不充分的规定必然导致实践的不严谨,以最高人民法院公布的第一批第3号指导性案例"潘某梅、陈某受贿案"为例,该案例有四个裁判要点:第一个裁判要点,即"国家工作人员利用职务上的便利为请托人谋取利益,并与请托人以'合办'公司的名义获取'利润',没有实际出资和参与经营管理的,以受贿论处"。第二个裁判要点,即"国家工作人员明知他人有请托事项而收受其财物,视为承诺'为他人谋取利益',是否已实际为他人谋取利益或谋取到利益,不影响受贿的认定"。第三个裁判要点,即"国家工作人员利用职务上的便利为请托人谋取利益,以明显低于市场的价格向请托人购买房屋等物品的,以受贿论处,受贿数额按照交易时当地市场价格与实际支付价格的差额计算"。第四个裁判要点,即"国家工作人员收受财物后,因与其受贿有关联的人、事被查处,为掩饰犯罪而退还的,不影响认定受贿罪"。这些表述在相关司法解释、意见等司法解释或者准司法解释中能够得到答案。因此,无论从法理还是从刑法教义学角度来讲,该案的处理结果没有什么争议。那么,对这种判决结论都没有争议的案件作为指导性案例,与其说是指导性不如说是宣誓性,即体现国家对惩治贪腐犯罪的决心,但要讲到指导性恐怕值得思索。又如指导案例第三批第12号"李某故意杀人案"的裁判要点强调:"对于因民间矛盾引发的故意杀人案件,被告人犯罪手段残忍,且系累犯,论罪应当判处死刑,但被告人亲属主动协助公安机关将其抓捕归案,并积极赔偿的,人民法院根据案件具体情节,从尽量化解社会矛盾角度考虑,可以依法判处被告人死刑,缓期二年执行,同时决定限制减刑。"严格来说,这个案例的"指导性"也值得商榷,对法治似乎传递了负能量:因为按照这种逻辑,被告人家属只要积极赔偿且配合抓捕,即使被告行为恶劣也不判处死刑。司法应该有底线,不能因为被告亲属的行为瓦解罪责刑相适应原则。由此可见,就目前最高人民法院所发布的刑事指导性案例,很多要么是无关痛痒的"隔靴搔痒",要么是过去司法解释的案例解释版本。学者周光权的观点很尖锐:最高人民法院花很大力气"强力推进"的案例指导制度,其所发挥的功能,与《最高人民法院公报》以及其刑事审判庭编辑出版的《刑事审判参考》似乎没有差别,可谓"穿新鞋走老路"。[①]

3. 生成程序行政化。现阶段遴选权是高度集中的,根据《规定》,法院内部推荐模式以各级法院为推荐主体,程序上除最高法院各业务部门直接报送外,其他法院须经该院审判委员会讨论决定后逐级报送最高人民法院案例指导工作办公室,并送交审判委员会讨论确认,但审判委员会并不能替代法官的司法审判行为。而且,群体决策的出错率并不比个体决策低。[②] 因此,审委会参与谈论除了增加判例的行政权威,其他没有太多意义。此外,事实上,各法院往往成立了专人或者兼职的遴选人员,对推荐案例进行选编。在此,遴选机构承办人员的个人偏好是非常重要的因素。但是,刑事指导性案例的生成过程中,民众的参与,包括当事人的辩论、陪审员的参与、法学家的学术研究等等因素往往是形成具有公信力裁判规则的重要支撑,换言之,那些涉及多方利益诉求的案件,判决中出现的因素,不是法官个人智慧的结晶,而是多方利益博弈或者平衡、妥协的产物。更有那些涉及多方利益诉求的案件,判决中出现的因素不是法官个人智慧的结晶,而是多方利益博弈或者平衡、妥协的产物。[③] 但是,案例选编的承办人往往是独立于这些社会参与的智力支持。

此外,尽管《规定》也有社会推荐模式,但社会推荐程序的可行性和操作性备受质疑:一是裁判文书尚未完全公开。即使公开也是有选择性地公开,而公开的大部分裁判文书所承载的案件又不具备指导性案例的编

---

① 周光权:《刑事案例指导制度——难题与前景》,载《中外法学》2013年第3期。

② [美]斯科特·普劳斯:《决策与判断》,施俊琦等译,人民邮电出版社2004年版,第181页。

③ 吴英姿:《谨防案例指导制度可能的"瓶颈"》,载《法学》2011年第9期。

选条件。这就导致社会人士有推荐案例之心却无接触案例之便,社会推荐就成了无根之木、无源之水。二是社会推荐的条文规定过于粗陋,如社会推荐是口头推荐还是书面推荐?若采书面推荐,是必须提交由裁判摘要、案件事实、审理经过、法律适用、推荐理由等构成的翔实的推荐书还是仅提交简述推荐理由的推荐书,其他内容由原审法院作进一步补充完善?社会各界人士"可以"向作出生效裁判的原审法院推荐,这是否意味着社会推荐的途径并非单一?是否可以向原审法院的上级法院或者直接向最高人民法院推荐?这些问题也影响着社会推荐的积极性。按照《规定》第4条法院内部推荐程序决定报送还是直接报送?原审法院对社会推荐是否进行审查?原审法院对社会推荐的案例是应当报送还是可以报送?总之,社会推荐模式的构建目的在于拓宽指导性案例的发现渠道,但现有的规范化设定并没有给以清晰解答。

三、刑事案例指导制度与刑事指导性案例

就现阶段而言,刑事案例指导制度只是一个蓝图,即现在所谓的"案例指导制度"无非是制度"雏形"或者说初始阶段。但制度化必须要有目标设定,即制度化进程既要拟定总体目标和阶段性目标,还要有进程的具体方案。反之,任其"信马由缰"或者彻底沦为以前发布的案例汇编的翻版,也远非司法改革的初衷。因此,虽然现阶段论及刑事案例指导制度的建立为时尚早,但生成刑事指导性案例的工作还应该进行。因为刑事案例指导制度与刑事指导性案例关系密切,二者的关联可以从两个层面进行分析:从逻辑上来看,刑事指导性案例是刑事案例指导制度的产物,也可以说刑事指导性案例是刑事案例指导制度的内容或组成部分;从静态层面来看,现阶段刑事案例指导制度的构建是我们的努力方向,但在制度还没有完全定型的情形下,那些裁判要旨精确、论证过程充分的刑事案例仍有可能被最高人民法院发现、编纂、确认效力后进而成为刑事指导性案例。可见,刑事案例的不断生成会促进刑事指导性案例制度化。

那么,既然我们现在要不断生成刑事指导性案例,而如何生成案例就

是需要进一步严谨思考的问题。而指导性案例来源于个案裁判,就个案而言,刑事司法判决是否能够成为具有事实拘束力的刑事指导性案例,取决于判决本身的公正,取决于法官释明裁判理由的充分性和合理性。[①]此话看似清晰明了但做起来可不那么简单。自《规定》出台以来,最高人民法院已经先后发布了六个刑事指导性案例,但反响并不大,甚至有法官发出"绝大多数案例指导性并不强"[②]的说辞。当然,指导性不强的原因是多方面的,抛开部分法官传统审判思维方式影响下适用案例指导制度的主动性不足,提炼、选择和运用裁判规则的能力不够等方面存在的问题,指导性案例本身存在的问题才是"指导性不强"的实质原因。因为案例生成与适用本是良性循环过程,只有具有指导性的案例,法官才可能逐渐认同并加以适用;而当法官逐渐适用并习惯指导性案例的实质存在,才能进一步推进案例指导制度。由此可见,最高人民法院出台的六个刑事指导性案例(其中一个值得赞扬,后文会论及)得到"指导性并不强"的评价还没来得及牵涉适用主体的问题,其并不尽如人意是在生成环节出现障碍,进而导致最高人民法院煞费苦心所推出的案例让社会不太买账。因此,话题又回到指导性案例生成角度,现阶段我们要做的就是生成有"指导性"的刑事指导性案例。

就刑事司法领域来看,大体来说,指导性案例的生成包括生成根据、生成的具体内容以及生成的现实路径等。生成根据无非是论及刑事指导性案例生成的正当性与合理性问题。刑事指导性案例来源于刑事判决,但并非所有的刑事判决都能成为指导性案例。从形式要件来看,要成为刑事指导性案例的判决必须是判决本身公正且裁判理由具有充分性和合理性(事实上,法治社会要求每一个刑事判决都需要符合这样的标准)。但这仅仅是必要而非充分条件,因而仅存于形式层面。而就实质层面来说,刑事指导性案例的生成根据必须与刑事责任根据同质,且二者同质于

---

① 胡云腾、于同志:《案例指导制度若干重大疑难争议问题研究》,载《法学研究》2008 年第 6 期。

② 笔者所在单位系某高级人民法院,在与刑事法官对指导性案例的探讨过程中,部分法官直言不讳。

犯罪本质——法益侵害（本书在下一章会详细论证）。在这里不得不提及最高人民法院所公布的几个指导性案例，尽管社会反响不大，但"瑕不掩瑜"，其中有一个案例还是值得赞扬的，那就是指导案例第 13 号"王某成等非法买卖、储存危险物质案"。该案例是对《刑法》第 125 条第 2 款规定的"毒害性"物质的解释。裁判理由认为："氰化钠虽不属于禁用剧毒化学品，但系列入危险化学品名录中严格监督管理的限用的剧毒化学品，易致人中毒或者死亡，对人体、环境具有极大的毒害性和极度危险性，极易对环境和人的生命健康造成重大威胁和危害，属于刑法第一百二十五条第二款规定的'毒害性'物质……"①从而将"危险物质"的范畴从实务中通常认为的"禁用剧毒化学品"扩大到了"限用剧毒化学品"，清晰了非法买卖、储存危险物质罪中"毒害性"物质的概念。非法买卖、储存危险物质罪重在保护危害不特定人的生命、健康和重大公私财产。至于"危险物质"的范畴刑法没有详细列明，实务中由于法条中"危险物质"文字含义通常容易使人想当然地联系到各种禁用剧毒危险品，而忽略限用剧毒危险品。而且，非专业人士更有可能如此这般，导致司法实务中处理起来结果各异。但是，本罪打击的就是各种毒害性、放射性、传染性病原体自身的危险性可能危害公共安全的行为。因此，不管是"禁用剧毒化学品"还是"限用剧毒化学品"，只要有可能危害公共安全的重大法益的，就有得到刑法评价的可能性。因此，这个案例的生成是与刑事责任的根据同质的，同质于法益侵害说的立场，因而是合适的。而就刑事指导性案例生成的内容和现实路径来说，涉及刑法教义学的内容以及案例生成的外在基础条件，通过论证证实刑事指导性案例的生成不是来源于权威机构的效力预设，也不是人为理性建构的产物或法律的正式安排，而是法律人综合运用逻辑、伦理和智识的结果。而这些内容本书会在后几章里详细论述。

---

① 参见最高人民法院第四批指导性案例第 13 号"王召成等非法买卖、储存危险物质案"。

第三节　刑事指导性案例分析

一、刑事指导性案例的地位和效力

(一)刑事指导性案例的地位

在成文法系国家中,案例能否成为正式的法律渊源,是否具有法律拘束力是有争议的。就此有两种观点:第一种观点认为,基于我国宪政制度的考虑,如果赋予指导性案例强制法律效力,既缺乏立法依据也没有相应的诉讼制度支撑,因而不具有正式的法律效力,不是正式的法律渊源;第二种观点则认为,最高司法机关发布的案例对各级司法机关已经产生了事实的拘束力,如果没有相应的强制效力,则具有明显的任意性和非规范性,因此,应当将指导性案例视为司法解释的一种新形式。[①] 依我国现行的司法制度,"案例指导"处于辅助成文法和司法解释等规范性法律文件的阶位,但其地位、影响和效力明显高于一般性的案例(一般性的案例仅约束案件的当事人),具有具体、明确的指导作用;同时,"案例指导"虽然不具有成文法和司法解释普遍的约束力,但具有对同类型案件实际的拘束力,本院和下级法院必须充分注意并顾及,否则,如明显背离并造成裁判不公的,将产生一系列后果。[②] "应当参照"是《规定》赋予指导性案例的效力。然而,此种表述使其含义笼统、模糊。首先,"参照"在司法裁判中是一个固定用语,其与"引用"是相对的,"参照执行"和"直接引用"是对规范性法律文件效力位阶的一种区分。其次,"参照执行"在字面含义上

---

①　胡云腾等:《〈关于案例指导工作的规定〉的理解和适用》,载《人民司法》2011 年第 3 期。

②　北京社科规划办《案例指导制度研究》课题组:《完善和规范案例指导制度应明确的问题》,http://www.bjpopss.gov.cn/bjpssweb/n28511c31.aspx。

似乎并没有必须遵守的含义,存在一个自由选择的维度,但是在"参照"之前加上"应当",会给后案法官一种不知所措的感觉。这也就在一定程度上给指导性案例的法律定位和效力样态留下了合理怀疑的空间。① 但是,案例指导制度应该是一种法律适用制度,这符合决策层的意愿。这从历年来发布的文件可见一斑。2005 年,最高人民法院印发《纲要》,在"改革和完善审判指导制度与法律统一适用机制"部分,提出"建立和完善案例指导制度,重视指导性案例在统一法律适用标准、指导下级法院审判工作、丰富和发展法学理论等方面的作用"。2009 年 2 月,中央政法委出台《关于深入学习实践科学发展观解决政法工作突出问题的意见》,强调司法公正是政法工作的生命线,要求:"要建立和完善法律统一适用机制,进一步规范自由裁量权。中央政法机关要加快构建具有地域性、层级性、程序性的符合中国国情的案例指导制度,充分发挥指导性案例在规范自由裁量权、协调法制统一性和地区差别性中的作用,减少裁量过程中的随意性。特别是要规范重点岗位和重点环节的执法活动,把执法规范化建设贯彻于执法活动的全过程和每一个执法岗位。"2010 年 11 月,最高人民法院印发《规定》(法发〔2010〕51 号)指出《规定》的出台背景是"为总结审判经验,统一法律适用,提高审判质量,维护司法公正"。由此可见,决策层一以贯之地将案例指导制度定位为一种法律适用机制,目的在于规范法律适用,加强业务指导。同时,将案例指导制度认定为法律适用制度也契合了经验主义哲学,经验主义是判例的哲学基础,它否认人类理性获得绝对真理的能力,反唯理主义而推崇一种经验累积性的知识发展进路。从比较法视角分析,虽然英美法系与大陆法系之间的界限逐渐模糊,均承认前案判决对后案判决具有或强或弱的约束力,但这种约束力均不是来源于权威机构的效力预设,不是人为理性建构的产物或法律的正式安排,而是来源于逻辑、伦理、智识、利益和诉讼制度运作的综合效应。

(二)刑事指导性案例的效力

上文已知,最高人民法院在《纲要》中采用了"案例指导制度"的表述,

---

① 孙建林:《论最高人民法院案例指导制度》,中国政法大学 2011 年硕士学位论文,第 11 页。

而且 2010 年 11 月最高人民法院《规定》也延续了这一称谓。客观地说，所谓"指导性案例"是一种表达上的技巧，这种文字的处理是为了要与敏感的判例划出一些界限，表明我们的案例指导制度区别于判例法制度。尽管这种文字上的处理暂时避免了许多无谓的争论，但实质上却无法从根本上解决案例指导制度的定位问题。时至今日，对于如何认识指导性案例的内涵与效力，我们尚未形成清晰、统一的思路。

指导性案例的效力，就是指导性案例的拘束力，如何理解指导性案例的拘束力，是建立案例指导制度的重点。一般认为，大陆法系国家判决的效力在于其产生依据为国家有权机关所指定的规范性文件；而普通法系法院判决的效力源自先例的拘束力。由此可见不同法系以及不同法律思维，对拘束力的理解是有差异的。对拘束力的理解就是对法律渊源的思考，而对法律渊源的理解就很有必要从理论上加以梳理。通常认为，我国作为制定法国家，不可能将指导性案例作为法律渊源，只能是在中国现有的司法体制下，借鉴英美判例法的一些具体做法，通过对指导性案例的遵循，使相同或大体相同的案件获得类似处理，以规范法官自由裁量权从而统一法律适用。学术界对此有两种观点：一是过渡性质说，主要观点为认为我国的指导性案例制度，无论从内容上还是形式上，都迥异于我国的案例编纂制度，也不同于英美法系的判例制度，而是走向中国特色判例制度的一种过渡性质的制度。而所谓过渡性，是对现有中国案例编纂制度的超越，又与未来需要超越的判例制度有些差距。[①] 二是折中性质说，主要观点是我们所实行的案例指导制度，既表达了我们实行的是"案例"指导制度，而非"判例"指导制度。同时，也表明我们与过去的不同，即我们要将案例上升到能够"指导"法院审判工作的地位，而非仅仅是如同以前的"参考"的作用。案例指导制度本质上还是一种法律适用制度。[②] 上述第一种观点所建立的基点在于我们最终是要建立判例指导制度，指导性案例的效力与法律具有同等效力，在某种程度上属于法的一种形式。这又延伸了一个问题，那就是司法机关是否会静悄悄地"篡夺"立法权限的问

---

① 周佑勇：《作为过渡性措施的案例指导制度》，载《法学研究》2006 年第 3 期。
② 杨立新：《中国司法改革的中庸之道》，载《河南社会科学》2004 年第 5 期。

题,姑且不论我们是成文法国家,即使我们认可判例的存在,鉴于中华法系"以下列破律恶名远播,现阶段认同判例是法的一种形式恐怕不恰当"。第二种观点侧重于将指导性案例定位于一种法律适用的指导标准,至少不违背我国立法、司法权力设置的框架,具有较大的合理性。因此,指导性案例的效力就应当定位司法适用的模板,案例指导制度是司法系统内部关于统一法律适用的制度设置。

　　但是,尽管指导性案例制度定义为司法适用制度,但指导性案例之间也应遵循与法律渊源类似的效力规则。一是当指导性案例与相关的法律、行政法规的规定不一致或者存在矛盾时,应以法律、行政法规的规定为准;二是高级人民法院发布的指导性案例与最高人民法院发布的指导性案例观点不一致时,应以最高人民法院公布的指导性案例为准;三是同一法院公布的指导性案例观点前后不一致时,应报指导性案例的生成机构——该法院审判委员会审查作出结论;四是同一级别的不同法院发布的指导性案例观点不一致时,应报上一级法院,并由该级法院审判委员会讨论决定。通过指导性案例的不同效力定位,不仅可以充分发挥指导性案例在审判中的作用,而且可以有效地解决指导性案例与成文法、指导性案例本身之间的冲突问题。① 从理解的形态来讲,指导性案例的效力来自于其说服力而非来源于权威力。但我国现有司法体制和文化传统中,法官对同行以及非法律核心人士的轻视,加之法院的行政惯性使然,级别更高一些的法院的指导性案例适用度肯定要高一些。但是,法官在审案时,一方面,他有义务关注先前的指导性案例,这也是与参考性案例的区别所在。在此前提下,法官可以将案例指导规则作为裁决案件的理由加以阐述。另一方面,法官在裁决案件时又不具有遵照执行指导性案例的强制性义务。② 而实践中,《规定》要求各级法院在审理类似案件时应当参照指导性案例,但不参照指导性案例的程序负担、法律后果等并不明确,由此,"应当参照"的拘束力值得进一步研究。

---

　　① 江勇、陈增宝:《关于指导性案例效力问题的若干思考》,载《法治研究》2008 年第 9 期。

　　② 黄伟东、赵峰:《关于案例指导制度的构建和完善》,载《山东审判》2009 年第 4 期。

二、刑事指导性案例的功能

(一)统一法律适用,消除"同案不同判"

1."同案不同判"解读

应该说,刑法上的同案不同判或同案异判不是严格的法律术语,而是指刑事司法适用的一种现象,其含义大致是指相同或者类似的案件,得到相反的定罪结论或者是惩处力度差异较大的处罚结果。比较典型的例子就是许某案与何某案,二者都是基于 ATM 所产生的犯罪,犯罪情节也大致相同——都是针对 ATM 机、恶意透支且数额巨大,都构成盗窃罪,甚至一审都同被判处无期徒刑,然而其最终判决结果的差别是"极其巨大"的,许某被适用特殊条款而从无期徒刑改为五年有期徒刑,而何某则继续无期之刑。然而,不同于专业人员,民众看司法是否公正,一般总是用朴素的正义观,通过直观的比较来判断。因此,无论对当事人还是公众而言都会对这样两个案情相似结果迥异的案件的裁判结果感到无所适从,进而对司法公信力产生怀疑。正如本杰明·卡多佐所说:"如果有一组案件所涉及的要点相同,那么各方当事人就会期望有同样的决定。如果依据相互对立的原则交替决定这些案件,那么这就是一种很大的不公。如果在昨天的一个案件中,判决不利于作为被告的我;那么如果今天我是原告,我就会期待对此案的判决相同。如果不同,我胸中就会升起一种愤怒和不公的感觉;那将是对我的实质性权利和道德权利的侵犯。"① 在此,卡多佐大法官其实就是对"同等情况相同对待"是古老的法律格言的回应,也是对法律面前人人平等的观念的深度阐述。同案同判强调人格和身份的平等,使社会最终实现了"从身份到契约"的转变。卡多佐认为,最基本的社会利益之一就是法律应当统一并且无偏私。在法院的活动中,一定

---

① [美]本杰明·卡多佐:《司法过程的性质》,苏力译,商务印书馆 2009 年版,第 18 页。

不能有偏见或者偏好,一定不能有专断任性和间歇不定。① 因此,公正解决争议,维护公平正义是司法的终极目标,而"同案同判"则是实现这一目标的重要参考系数。

另外,同案不同判还与现代法治理念有冲突,近年来,为了更好地实现依法治国的目标,"司法的人民性"等法治理念不断提出。从政治上的含义来讲,司法的人民性指我国是人民当家做主的国家,作为司法机构,司法过程与结果都要代表人民意志。但是从规范的角度来看,一个具体的刑事案件判决怎么体现人民性,是值得思考的问题。笔者认为,司法的人民性就是指法律是可预测和确定的,一个裁判结果能让绝大多数人信服。前几年有两个"受虐杀夫案",一个发生在上海浦东,一个发生在内蒙古包头,两个案件尽管案情差不多,法官却作出了差别较大的判决。前一个案件中因不堪忍受吸毒丈夫施暴而杀夫的王长芸被以故意杀人罪判处有期徒刑 14 年。此案中,王某芸经常遭受其丈夫黄某明(系吸毒人员)的殴打和辱骂。但浦东新区法院依然接近其量刑最高点判了 14 年。而在此之前内蒙古包头市 38 岁的刘某冲着对她当街施暴的丈夫连捅几刀,致使丈夫当场死亡。随后刘某自首。事后,181 名各界群众联名请求公检法机关减轻对刘某的刑事处罚。包头市昆都区法院以故意杀人罪判处刘某有期徒刑 3 年,缓期 5 年。宣判后,获得缓刑的刘某又回到了原工作单位。② 两个案件差别如此之大,很难说这是刑法规定出现了问题,从"许某案""何某案"两案到"王某芸案""刘某案"两案,处理结果差异的直接原因似乎都有一个类似的公众支撑,许某案因为公众的巨大反响而改判,刘某案在于各界群众的联名上书而被处以缓刑。司法的话语权在这里似乎被公众左右了,但其实不然,由于司法机关在制度上与大众保持疏离,确实能保证某种类型的公正性,但这样也在某种程度上疏离了人民,也容易疏离当下的公共价值。所以,这也是当判决结果受到公众的质疑或者某种回应时,而采取顺应公众意愿的原因。在这里,并非公众左右了司法,

---

① ［美］本杰明·卡多佐:《司法过程的性质》,苏力译,商务印书馆 2009 年版,第 69 页。

② 刘作翔:《关于开展案例法哲学研究的几点思考》,载《法律适用》2012 年第 2 期。

而是司法通过纠正裁判的形式以自我调整从而服从、服务于大众的需要。但这又引申出另外一个问题:当一个案件缺少关注,是不是司法就可以大行其肆呢?进而只有公众关注的案件才能公正呢?在这里,司法在阳光下进行已经不能满足公众需求,而是司法需要强光聚焦才会正当和令人信服。事实并非如此悲观,坚持司法的人民性可以解决这个问题。司法的人民性注重强调立法、司法时刻关注人民的共同价值观,尽管这是一个价值多元的社会,但人类总有一些普世的价值观统一大家的言行,体现在刑事司法过程中,就是立法要明确,司法要尊重这些共同的价值观,并在此价值观指引下作出裁判。而同案不同判明显与司法的人民性相背离,当同一类型案件得到不同处理结果时,这时会让人们无所适从,即便没有更多的关注或者回应,但也会在无形中导致司法结论如同赌博机一样难以琢磨,更不用说体现公共价值了。

武树臣教授认为我国同案不同判的原因有如下:一是司法环境,其中最突出的是地方保护主义、部门保护主义的干扰;二是业务素质,一些审判人员在判断案件性质、适用法律等方面水平不高,直接影响办案的质量和效率;三是道德素质,极少数审判人员办"三案"(人情案、关系案、金钱案),其中的权钱交易直接导致司法腐败。[①] 但是,笔者更想说的是,在一个正常社会环境下,当前法官不独立、司法不廉洁,[②] 司法环境和法官腐败只能说是对同案不同判造成一定的影响,但根本原因还在于我国法律解释体系存在认定的偏颇以及实践的错位。具体是当法官仅仅依靠法典和自上而下的司法解释对案件事实进行解读时,同案不同判的情形时有发生也算正常。

2.指导性案例——统一司法适用的路径

上文已述,法律解释体系的单一以及裁判主体裁判思维的缺失,是导致我国同案不同判现象的重要原因,而指导性案例无疑为解决这些问题,

---

① 武树臣:《激活判例机制 提高司法权威》,载《河北法学》2011 年第 3 期。

② 笔者认同一位法官的观点:不少法官确实通过受贿积累起来大量财富,但并没有人检举案件也没有被发回重审、改判。这是被称为"人精"的聪明人,双面玲珑两头讨好,基本上依法判决,却又拿了人家东西后让人家满意。所以该法官认为腐败存在,但腐败的法官基本上是依法判案的。

提供了一个很好的策略。首先,我国是成文法国家,自身完备、无漏洞、涵盖一切的制定法(假定有这种制定法的存在)会使法律的发展停滞不前,裁判变得如同自动贩卖机一样毫无生气,那么成文法刚性有余、柔性不足的特点使个案的处理存在相应变数。而且,法律是不断变化发展的,对不同时代的人们来说,公平正义并非是一成不变的信条。正如有学者所言,司法实践表明,法律的普遍性往往演绎出众多的个别性,也即普遍性的法律规范可以适用于许多不同的个案;从法律解释学来看,问题的关键在于普遍性的规范与众多具体的个案之间没有过渡的桥梁。[①] 这表明,成文法的刚性与普遍性需要适当的其他合理因素加以柔化,而正是由于柔化才能使规则具有灵活性,并使法律能在最大程度上适应社会变迁的需要,进而充分表达一个生机勃勃的社会里法律存在的价值。法律不应该只是静态的,只有"动""静"结合,以"静"为主基调,以"动"作补充,才能适应社会需要。案例指导制度的价值意义就在于其实现了法律调整机制的静态与动态的相洽与协调。理由很充分,由于任何法律都不可能对所有欲调整的社会关系进行详细、周密的布局,在规范本身没有说清楚或者根本没有覆盖的领域里,法官在运用法律原则,结合法律精神并且正确解释文本所作出的法律适用结果,是将抽象、原则的规则变化为形象、具体的裁判规范的过程,其中,充分体现了法官的司法智慧和经验,并对其他类似判决有良好的参照作用。在处理类似案件时,其他法官就可以予以参考,这不仅能提高司法的效率,而且能极大地防止同案不同判现象的发生。因此,案例指导制度在实现司法公正,实现同案同判即形式正义方面的价值是其存在的形式合理性;案例指导制度在实现法律结构的合理化,实现法律体系自身以及法律与社会生活的和谐的价值是其存在的实质合理性。[②] 卡多佐认为,司法必须与社会现实相适应。司法的过程既包括"创造"的因素也包含"发现"的因素。法官必须经常对相互冲突的利益加以

---

①　邓修明:《刑事判例机制研究》,四川大学 2005 年博士论文,第 77 页。

②　房文翠:《接近正义寻求和谐:案例指导制度的法哲学之维》,载《法制与社会发展》2007 年第 5 期。

权衡,并在两个或者两个以上可供选择的、在逻辑上可以接受的判决之间作出选择。①

通过指导性案例,无论一审、二审还是再审,法官的自由裁量行为都会有这些统一法律标准的指引,不会再翻来覆去而让受众无所适从,让法律监督真正发挥作用。正如有学者所言,与遇事请示上诉审法院的做法相比,基层法院和法官寻求更具权威性解释的惯性会让他们转向遵循由司法权威部门颁行的典型案例,他们为自己的判决作出必要的交代还得了解附着其后的理由,于是其针对案例事实模仿或有限参照典型案例适用法律的结果有时可能比其引用两个解释更具说服力和社会信度。② 即当一审法院已经参照案例作出裁判,除非有非常有力的反面证据,否则二审、再审都不会再对案件有不同处理结果,同时,由于案例的存在,当事人以及公众也很难提出反对理由。

指导性案例促使法官采取法律思维处理案件,由于指导性案例是法官经验智慧的凝结,通过司法过程使生硬的法条软化为鲜活的经验,并再次通过司法过程得以强化,进而得以成为法律人头脑中日渐清晰的模式,最终形成法律人群体性的法律思维。具体而言,对某一个法官来说,当出现了崭新的、陌生的案件;但对整个法官群体来说,也许就很普通、熟悉。通过查找案例,相同案件得到相同处理。而在寻找案例的过程中,法官(即使是很懒惰的法官)会不自觉地进行事实比对和模仿,而案例又是超越个体的智慧凝结而形成的宝贵法律资源,通过对案例的参照或者模仿,法官会自然而然地形成由这些司法智慧而引领的思维方式。进一步讲由于指导性案例是整个法官群体都适用的,在整个群体都会逐渐形成同样的裁判思维。这不同于以前行政主导的司法实践,以往情况下由于上级法院对下级法院有各种考核目标,下级法院为了迎合上级法院的各种考评机制,在审理案件过程中,下级法院的法官不得不与上级法院法官进行种种形式的沟通,形成了某些不符合二审终审制的"潜规则"。这不仅导致了审级制度的名存实亡,而且易使初审法官懒惰且无所建树。而这种

---

① 何慧新:《刑法判例论》,中国方正出版社 2001 年版,第 125 页。
② 王利荣:《论量刑的合理性》,西南政法大学 2007 年博士论文,第 93 页。

上下级之间的沟通又具有地区性,造成地区系统内部统一,但各地区之间各自为政的情况发生。指导性案例颠覆了传统行政值域下的上下级法院的裁判习惯,其将司法智慧以全国通晓的方式予以公开,不仅将这种地下沟通公开化、正规化、法治化,而且使下级法院对上级法院的可能判决产生合理的预期,民众对法院的判决也会产生合理预期。案例指导制度是从事实的角度对法律进行解释的方式之一。必须明确的是,所有的法律都需要通过解释赋予事实以法律意义,但事实并不是被动的。已经判决的案件事实(经甄别确定为案例的话)对正确理解法律起着示范作用。[①]因此,当已判决事实与类似事实具有吻合之处时,依照指导性案例作出类似判决也很正常。

(二)启迪法官思维

"正如法律史清楚地表明,将法律解释与司法实践分离开来是不切实际的。试图将发现法律、解释法律、适用法律的职能分离开来的努力也是徒劳无益的。"[②]因此,在法律体系里,尽管有缺陷的法律不能单靠解释得以解决,但必要的修正和解释肯定是法律得以完善的必要步骤。况且,我们也完全有理由认为,"法律的制定者是人不是神,法律不可能没有缺陷。因此,发现法律的缺陷并不是什么成就,将有缺陷的法条解释得没有缺陷才是智慧"[③]。由于法律与现实并非一一对号入座,制定一部完备的法典就此一劳永逸地解决所有问题是某种高尚理想,法律解释是无法排除的步骤。

1.现状——法官思维阙如

法官依据法律对案件进行处理时,必须依据裁判思维作为裁判过程的指导,但同案不同判很大程度上是法官法律思维的缺失。由于我国是成文法国家,上文已述,文字的本身特点加之规则的自身局限,使法官必须对文本进行解释,才能做出裁判。但很多时候法官在审理案件过程中,

---

① 陈金钊:《案例指导制度下的法律解释及其意义》,载《苏州大学学报(哲学社会科学版)》2011 年第 4 期。

② 〔美〕罗斯科·庞德:《普通法的精神》,唐前宏等译,法律出版社 2001 年版,第 126 页。

③ 张明楷:《刑法格言的展开》,法律出版社 1999 年版,第 7 页。

固守规则的字面含义,反对任何形式的法律解释。对此,考夫曼教授的评价非常中肯:在成文法体系(甚至包括判例法体系)里,大多数法律人仍然认为"制定法的不完备"是一种缺陷,因此要尽力去消除大量制定法中的这种缺陷。总而言之,以对牛弹琴的方式,对法律化认真采取反对倾向,并且准备在一个开放的体系中讨论和论证的人,是少数,大部分人较喜爱受到"严格的、赤裸裸的法律文义"的约束,以免自己承担责任。"不要冒险!"这句话成了座右铭。①

   法官解释法律的思维有问题,前面已经提到有些法官拒绝解释法律,也有些法官认识到法律适用中需要进行解释,也能发挥自己的能动思维,对自由裁量权进行运用,但不得不说,部分法官在法律解释时存在偏差导致同案不同判的情况发生。当然,法官个人的生活经历、学历背景等个人差异是其中的影响因素,但也有法官在进行解释时违背解释规律,任意解释导致司法适用的不一致。学者郎贵梅的观点很有代表性:法官严守规则的字面含义,对其他公权力效力的固守,对司法最终审查权的认识不到位,在解释法律时缺乏科学方法的指导。现代法治理念是改革开放后从西方传入我国的,尽管2015年以来法制建设取得长足发展,但法律文化、思想和意识都还落后于制度的发展,正是这些制度层面与观念层面的不同步,导致我国法官的裁判思维没有统一的法律思维。② 而法律思维缺失,也在一定程度上导致了对相同或者类似事实有不同的法律判断。事实比对具有一定的随意性。即使法官抛开种种干扰,适用指导性案例,在适用过程中,由于存在对案件事实与案例事实的比对,这也为司法裁量留下了随意的空间。成文法系国家,一般来说,法官不大重视案例整体本身,他们更加关注的是那些从对案件争议焦点涉及的法律问题进行评析后形成的"裁判要旨",即那些从案例中提炼的被作为制定法加以使用的特定规则。但是,尽管这些裁判规则简单明了,但指导性案例适用的前提必须是待处理案件相关事实与其相同或者相似,即法官在对比待决案件"源"案件(即指导性案例所涉案件)间事实上的相同点和不同点后,识别

———————

① [德]考夫曼:《法律哲学》,刘幸义译,法律出版社2004年版,第72~73页。
② 郎贵梅:《同案不同判原因分析及对策研究》,载《人民司法》2009年第19期。

待决案件与并判断是事实上的相同点重要还是不同点重要,以决定待决案件与"源"案件是否属于"同案"。

2.指导性案例——启迪法官思维

认知心理学已证实,人们更倾向于通过经验来达到对现实世界的认识,借助原有经验可以最大限度地将经验型知识转化为解决现有问题的对策。因此,在无论是在日常生活中,还是在科研创作和法律实践中,经验都在其中发挥着比一般理论更有直接优势的解决现实问题的重要作用。例如,一个小孩溜旱冰摔伤了腿疼得直叫,那么对看见小孩惨状的他的朋友或者同学就会形成这样的认识:溜旱冰得非常小心,摔坏了腿会很痛的。而此思维运用到案例指导制度中,就是法官借助以往的成功裁判达到对现有待决案件的处理。在我国制定法的体制环境下,立法(包括立法和具有准立法性质的司法解释)所固有的滞后性、抽象性和社会生活的丰富多彩,必然会产生法律规定存在模糊不清或对某些事项的规定有"盲点",进而产生立法疏漏。但是,法治国家的一个重要法则就是法官不得借口法律没有规定而拒绝裁判。因此,"在法律所表现之文字缺少明确性的情况下,欲求法律的正确适用,必须参考已有的案例而为推理。易言之,最初发生事件之内容,一旦有某一法律条文适用,则此一法律条文所适用之案例对以后类似之事件构成一种典型,即可准予以前法律之适用而对后来发生之案件亦予以同一之适用。依案例而为之推理,最重要者在于发现前例与后例之类似情况,亦即一旦发现前例与后例之间具有类似情况,则无妨就前例所适用之法律适用于后例"①。此外,指导性案例有助于提升法律思维,消除裁判主体在同案不同判现象中的主体因素。柏拉图认为:"任何事物的使用者乃是对它最有经验的,使用者把使用中看到的该事物的性能好坏通报给制造者。"②由此可见,对司法过程而言,适用者是最有发言权的群体。(固守文本含义、监督不力、缺乏科学方法)通过建立案例指导制度,在产生指导性案例以及指导性案例的适用过程

---

① 蔡墩铭:《审判心理学》,台湾水牛出版社1980年版,第701页。

② [古希腊]柏拉图:《理想国》,郭斌和、张明竹译,商务印书馆1986年版,第398页。

里,应该说,法官的个体意识会逐渐得到解放,从而逐步脱离僵硬法律适用"傀儡"的角色,摆脱那种固守文本含义的"自动售货机"局面。而且,通过该制度,整个法院群体也会逐渐认识到指导性案例的重要性,并将其作为考虑法官工作的重要指标,由此形成指导性案例发布、适用、再产生的良性循环机制。案例指导制度是从事实的角度对法律进行解释的方式之一。必须明确的是,所有的法律都需要通过解释赋予事实以法律意义,但事实并不是被动的。已经判决的案件事实(经甄别确定为案例的话)对正确理解法律起着示范作用。①

值得提及的是,在规则之内,法官有很多理由积极选择指导性案例的适用,除此之外,法院外部的干扰也是原因之一。正如有学者所言,司法裁判场域实际上是最容易受到权力和政治场域的运作逻辑影响的地方,即司法的运作完全排除政治和权力的干预,无异于天方夜谭。特别是在当下中国法律与权力界分还相当模糊、司法还未从政治的母体中脱离出去,以及整个社会的政治化与国家化程度还相当高的情况下尤其如此。② 首先,法院受其他机关的控制,从法院的设置以及对外关系来看,其财政是受地方各级行政机关掌控的,法院的办案经费、办公设施和法官的工作福利无一例外都受制于当地财政部门。如果法官的自由裁量权排除这些因素的干扰,其后果必然是不利的,进一步,法院的独立性显得那么脆弱,法院的法官要想保持无干涉的裁量似乎不大可能。因此,在科层式制度下,一位官员的职务反应和个人反应可能会分离开来:他会获得在必要时麻醉自己心灵的能力,并且在其官方职位上作出他作为个人可能永远也不会作出的决策。③ 这一说辞是对法官面对上级干扰时反应的最佳诠释。同时,除有权机关的干涉以外,以高校教师、律师为主体的专家学者也会对法官的自由裁量形成影响,其原因主要在于,上述专家学者与法官

---

① 陈金钊:《案例指导制度下的法律解释及其意义》,载《苏州大学学报(哲学社会科学版)》2011年第4期。

② 张心向:《在规范与事实之间——社会学领域下的刑法运作实践研究》,法律出版社2008年版,第50页。

③ [美]米尔伊安·R.达玛什卡:《司法和国家权力的多种面孔》,郑戈译,中国政法大学出版社2007年版,第29页。

同样属于法律职业共同体的一员,他们之间或多或少存在有师生、同窗之类的关系,前者利用其耀眼的名望、学识、地位对法官进行无形的干涉,从而在某种程度上对案件裁量构成威胁。因此,如果法院及其法官想保持司法的某种"独立性",借用上级法院的指导性案例无疑是一种明智的选择。

从法院内部来说,就目前中国的司法及其管理体制而言,中国目前的法院仍然强调对个体法官的控制与管理,进而使得法官个体的独立人格和主体意识以及积极性都淹没在法院的集体意志之中。① 法官是法院工作人员,而且仅仅是工作人员而已。法院系统内实行的是法院独立审判而非法官独立审判,无论是业务管理还是行政管理,法院内部都是按照行政级别或者说是官阶来确定结果,形成"法官之上还有法官"的格局。尤其在当下,在法院内部,不担任行政职务的法官都习惯于认为自己是在院长、副院长、业务庭庭长、副庭长的领导下工作,无论是业务上或者非业务上的工作,都习惯性地向领导请示汇报。② 而在办案过程中为了减少所谓的"错案"或者防止司法腐败,为司法公正增加多条防线,下级法官经常性地为了特定案件向上级"请示""汇报",上级法院也会不时对某类或者某一特定案件进行"指示"。这样,上级法院指示被权威化是在情理之中的事情。事实上,尽管官方并未承认,但法律共同体都有只能意会不能言传的共识,即在中国大陆,并非最高规格和效力的法律才会得到最彻底的执行,特别是在刑事法领域,刑法典并不比两高的司法解释更能得到法院、检察院的适用。当遇到疑难或者并不疑难但阻力较大的案件时,主审法官通过相似案件的裁量结果作为避开审判风险和自身责任的一种选择。这种情况同样适用于检察院。而基于同样心理,当主审法官遇到上述案件时向上级法院请示,以寻求更加权威解释的做法也就不难理解。当他们遇到由权威司法部门所颁行的指导性案例时,其针对案例事实模仿或者有限参照典型案例适用法律的结果有时候可能比其援引两高的司

---

　　① 苏力:《论法院的审判职能和行政管理》,载《中外法学》1999 年第 5 期。

　　② 苏力:《送法下乡——中国基层司法制度研究》,中国政法大学出版社 2006 年版,第 74 页。

法解释更加具有说服力和可信度。[①] 由此可见,当下中国的法官绝对不是一走进法庭,就变成了心无旁骛纯粹消极而中立的角色,无论是对案件事实的裁剪还是对规则的定性,在整个司法审判过程中,实质上,法官要在多重夹缝中艰难穿行、抉择。因此,当面临困境时参照指导性案例无疑是极佳选择。

三、增加判决可接受度、引导公众行为

提高审判的效率与公众的接受度。卡多佐指出:"如果昔日的案件都可以重新开庭,如果一个人不能在前人铺设的进程的坚实基础之上为自己的进程添砖加瓦,法官的劳动就会大大增加,以致无法承受。"[②]对独立的单个法官来说,也许某一案件是崭新的、陌生的;但对法官职业群体来说,也许这一案件就是常态的、普通的。在文本范围内,指导性案例是规范的具体化,而在文本规范无法言尽的领域里,案例的作用同样是不可忽视的,如自首不予从宽的事实前提,共同杀人犯罪或者重伤害主犯在量刑上的区别,毒品纯度对量刑的影响等等。因此对法官而言,遇到疑难案例时,与其皓首穷经地翻看法条,理解所谓的立法原意,远远不如来个同类案例作指导方便。此外,适用指导性案例更有利于普通公众理解,由于人对事物的认识一般是由表及里,从具体到抽象进行推进,民众对法律的认知同样也是这样一个认识过程,案例的事实模仿和判决结果参照比干巴巴的司法解释更具有说服力。所以,这就是老百姓对《今日说法》的兴趣远比对《某某普法》等传统说教式的规则宣称大得多的原因。因此,通过案例解释规范比单纯看刑法典更能得到当事人或者其他受众的理解,从而使判决更加令人信服,从而进一步促使法官积极寻求援引指导性案例。守法的前提,必然是民众对法律的认知和信仰。但是,在现代高度发达的网络环境下,媒体有关司法的负面报道明显增多,并形成全国性的公共热

---

① 王利荣:《论量刑的合理性》,西南政法大学 2007 年博士论文,第 93 页。

② [美]本杰明·卡多佐:《司法过程的性质》,苏力译,商务印书馆 1998 年版,第 94 页。

点。例如,"许某案""彭某案""李某奎案"、河南"天价过路费案"等,甚至最高法院有关司法裁判的标准如"醉驾入刑情节的把握问题"等都成了舆论质疑的对象。加之司法系统确实也有部分害群之马,司法腐败、司法不公的行为为大多数公众所诟病。在这种情况下,还要意犹未尽地强撑着认为公众对司法是认同或者敬仰的,有点勉为其难。但是指导性案例恰恰提供了一个可以预测裁判结果的可靠依据,发挥着"看得见的法典"的作用。"要预测法院在一个案件中将做什么,你们可以看看法院在其他一些类似的案件中曾经做了什么。"①

① ［美］史蒂文·J. 伯顿:《法律和法律推理导论》,张志铭、解兴权译,中国政法大学出版社1998年版,第26页。

第二章
生成刑事指导性案例的根据

任何规范就必须有其根据。"任何法律都必须有其根据,即根据某种明确的观点或信念,否则便无法理解和毫无意义。"①本书旨在对刑事指导性案例的生成进行探讨,当然需要涉及生成刑事指导性案例的根据,所谓根据,无非是其存在的正当性与合理性。由于刑事指导性案例是以个案方式解释规范,其生成的根据与刑事责任根据具有同质性,二者同质于犯罪本质。另外,刑事指导性案例是对罪刑法定原则的具体表达,通过讨论罪刑法定原则,强调刑事指导性案例最终是回归目的解释且注重了其人性基础。

第一节　与刑事责任根据的同质性

所谓刑事责任的根据,一般是指国家追究行为人刑事责任或行为人承担刑事责任的正当化依据。关于刑事责任的根据为何,理论上有多种看法,如罪过说、犯罪刑为说、社会危害性说等。限于本书篇幅,笔者在此并不对上述多种学说展开论述及评判。但是,深层次分析,笔者认为探讨

---

① 　林山田:《刑罚学》,台湾商务印书馆 1985 年版,第 127 页。

刑事责任的根据一定应当以犯罪的本质（法益侵害性）为基础。换言之，法益侵害性应当是国家追究（或行为人承担）刑事责任的正当化依据。然而，在研讨刑事指导性案例的根据时，也不可能脱离对犯罪本质的分析，因为脱离了法益侵害性的边界，刑事指导性案例的选取将可能泛化，刑事犯罪圈的范围将随之延展，而这是与刑事指导性案例制度化的初衷相违背的。因此，我们认为，刑事指导性案例的生成根据与刑事责任的根据具有同质性，即同质于犯罪本质。

一、犯罪的本质

所谓犯罪，"自其实质言之，可谓为生存竞争超越适当限度，而由刑法规定制裁之行为，易词言之，科犯罪者以刑事志大才疏，以为生存竞争之界限，使个人利益得以团体利益相调和，而个人行为由此得以共同理想相一致，是为刑法之使命"[①]。犯罪是由刑法规定值得科处刑罚的行为，刑法就是犯罪是否成立、是否科处刑罚以及科处何种刑罚的依据。

（一）刑法是正义与利益保护的表达

法律是正义的表达，因此，任何规范的首要根据必然是正义。而且，正如奥古斯丁的不朽名言：离开正义，国家不过是个大的匪窝。所以，如何保证国家这个利维坦不去吞噬组成自身机体的国民，是法治需要重点考虑的问题和难题。[②] 但是，正义如同普罗透斯的脸，而我们也常常迷惑于这张变化莫测的脸。博登海默说："如果用最为广泛和最为一般的术语来谈论正义，人们就可能说，正义所关注的是如何使一个群体的秩序和社会制度适合于实现其基本目的的任务。"[③]正义和利益看起来没有什么关系，但利益分配的合理性是正义思考的首要内容，正如我国学者所说"社会基本结构的正义包括两个基本方面：首先，是社会的各种资源、社会合

① 韩忠谟：《刑法原理》，北京大学出版社2009年版，第5页。

② ［美］马克·克拉：《当知识分子遇到政治》，邓晓菁、王笑红译，新星出版社2005年版，第147页。

③ ［美］E.博登海默：《法律学——法哲学及其方法》，邓正来译，华夏出版社1987年版，第238页。

作的利益和负担的分配的正义问题。其次,是社会争端和冲突的解决的正义问题。前者可谓'实体正义',后者可谓'形式正义'或'诉讼正义'"。① 因此,利益并非纯粹经济学范畴的概念,德国学者包尔生则作了更详尽的说明,他认为:"利益的不同范畴可以粗略地划分如下:肉体和生命;家庭,或延伸了的个人声明;财富;荣誉,最后是自由,或按照其自身目的塑造一个人的生命的可能性。……因此,可以把正义任务的总的准则表述如下:只要力所能及,就自己不要做,也不让其他人去做不公正的事,或者用肯定方式来表达,尊重并保护上述权利。"② 由此看来,正义与利益是"双生子",双方休戚相关。进一步,法律正义与否,取决于法律是否保护了应当保护的利益,即法律平等保护了社会各阶层的利益,满足公众成员生存和发展所需要的利益,那么法律就是正义的。而在当今社会,即使绝对的报应刑论已失去普遍支持,报应犯罪的基本观念却依然在刑事立法和司法活动中起着支配作用。但作为一种制造个人痛苦的方式,一种反人性需要的社会现象,刑法绝非生来具有正当性。就其本质而言,只有刑法惩罚了侵害社会成员利益或者对社会成员利益有侵害重大风险的行为,保护了一个社会基本生存所需要的秩序时,这种刑法才是正义的。

(二)犯罪本质是对利益的侵害

既然刑法是对正义和利益保护的表达,那么犯罪就是对利益的侵害,由此而得到刑罚处罚并承担刑事责任。因此,犯罪的本质应该说就是利益侵害。但问题并没有这么简单,刑法学者对利(法)益的概念和内涵存在一些争议,刑法学界对犯罪本质一直颇有争议。现在基本上是法益侵害说、规范违反说和折中说三种观点。法益侵害说认为,犯罪是对法律保护的生活礼仪的侵害或者引起危险(威胁);而规范违反说强调犯罪是对社会机体的侵害,犯罪通过对个别化的生活秩序的侵害,破坏了存在于社会中的规范联系,使整个社会陷入现实的以及未来可估算的危险。刑罚表明了对有缺陷行为的态度,承受了刑罚的无价值行为揭示了如下命题:

---

① 张文显:《法学基本范畴研究》,中国政法大学出版社1993年版,第270页。

② [德]弗里德里希·包尔生:《伦理学体系》,中国社会科学出版社1988年版,第515~517页。

必须普遍地把行为作为一种不值得一提、不可再次经历的行动选择来看待。[①] 持折中说的学者认为,犯罪的核心是法益侵害,法益的侵害后果是规范产生的根据。但是,法益侵害或者威胁的样态同样也是刑法法规产生的依据。因此,犯罪的本质不仅仅是法益的侵害和重大威胁,而且还包括侵害或者威胁的方法和类型,后者就意味着犯罪本质还有违反义务的一面。[②] 因此,折中论倾向于以法益侵害说为主,有限的规范违反说为补充。也有台湾地区学者采取某种骑墙态度,认为在立法范围内的刑法目的应该采取法益保护说,在解释论上的刑法目的应该采取规范违反说。[③]

　　然而,既然刑法是维护正义和防止利益侵害的表达,犯罪则是具有利(法)益侵害性的行为。而且犯罪必须是侵害利(法)益的行为。因为法益侵害说认为:"刑法之所以将一定的行为规定为犯罪,并对其科处一定的刑罚,目的就在于通过防止犯罪行为,达到保护为该种行为多侵害的生活利益(法益)的目的。"[④]而且法益侵害说在保护法益的过程中,也实现了刑法的自由保障机能。换言之,刑法一方面规制公民行为,使任何人不得超越自由的界限,不得侵害法益;但另一方面又严格限制司法人员,使公权力不得肆意侵害公民的自由。对此,日本学者町野朔认为:刑法的机能就是"犯罪的抑制"和"人权的保障"。他进而认为:"为了实现抑制犯罪的目的而使用刑罚是国家的正当权利,但这不意味着国家可以滥用刑罚。刑罚使受刑者产生各种不利益或者痛苦,侵害了其权利,故不允许行使与抑制犯罪目的不相均衡的刑罚。刑罚不仅规定了刑罚,而且通过限定刑罚权发生的要件、样态来协调犯罪的抑制与人权的保障。"[⑤]当然,侵害或者威胁法益的行为是否纳入刑法评价需要对"法益侵害"进行评判,一是行为所侵害或者威胁的是重大法益;二是侵害的程度——可罚程度,对

---

① 周光权:《犯罪论体系的改造》,中国法制出版社 2009 年版,第 98 页。
② 张明楷:《法益初论》,中国政法大学出版社 2003 年版,第 274 页。
③ 肖吕宝:《结果无价值之评析》,载赵秉志主编:《刑法论丛》,法律出版社 2009 年版,第 357 页。
④ 黎宏:《日本刑法精义》,法律出版社 2008 年第 2 版,第 26 页。
⑤ [日]町野朔:《刑法总论讲义案Ⅰ》,信山社 1995 年版,第 22 页。转引自张明楷:《法益初论》,中国政法大学出版社 2003 年版,第 324 页。

可罚程度的衡量就是法益的比较,因为刑法的目的在于保护个人或者集体(国家)的生命、身体、财产和自由等(很多时候个人利益优于国家、社会利益)各类法益,而任何犯罪会或多或少的涉及上述类型法益之间的衡量。

二、刑事指导性案例的生成——法益侵害说之贯彻

上文已述,刑法的本质涉及法益侵害说和规范违反说的对立。保护法益观念强调行为只有侵害了法益才能是处罚对象。与此相对立有刑法是维护伦理秩序的观念,即刑法是为了维持社会当中所存在秩序。刑法是保护法益还是维护社会伦理秩序呢?本书认为法益保护更能体现刑法的机能。因为,很多时候伦理并不能完整体现刑法规制的范围,有时过宽,有时又过窄。而刑事案例指导本质是一种个案法律解释工作,其实质是对某一项法律原则、规范的丰富化、具体化。因此刑事法律解释必须合乎刑法的本来意图——即保护法益。犯罪是具有法益侵害性的行为,这种法益侵害性包括两种情况:其一,行为确实对法益造成了损害;其二,实施故意侵犯重大的法益的行为,即使没有造成现实侵害结果,但具有侵害危险的情况。按这一立场,如果某种行为没有侵害法益,即使违背了最低限度的伦理也不应当作为犯罪处理。某些道德规范之所以能够下沉到刑法规范的层面,是因为该规范基于维护法益的需要。而任何刑法规范都是建立在道德规范基础之上的,法益衡量有道德的判断。当行为侵害法益或者造成重大法益侵害危险时,其可罚程度——即是否值得科处刑罚,都需要道德的支撑。但是,维持道德的手段并非法律,除非该道德规范已经融入刑法规范的范畴。因此,刑事指导性案例的功能同样也必须坚持法益保护原则而非其他,否则极易跳出犯罪的本质所涵摄的惩罚范围,造成犯罪圈的扩大。对于规范违反说与法益侵害说的优劣,本书通过一些案例加以论证。

行为侵害法益却没有违背伦理秩序的情况在实践中颇多见,但很多

时候却没有入罪。《刑法》第 272 条规定挪用资金罪[①]，如何理解借贷给他人中的"他人"？参照最高人民法院 1998 年 4 月 6 日《关于审理挪用公款案件具体应用法律若干问题的解释》规定[②]，在此司法解释中，挪用公款给集体企业、国有企业使用的，不在此罪考虑范围。那么，挪用资金罪中将本单位资金给集体企业、国有企业是否构成本罪呢？换言之，行为人在集体或者国有企业资金缺乏的情况下，擅自将资金借贷给该单位使用，应否构成挪用资金罪。从法益侵害说的角度来看，不管行为人将资金借贷给何人，只要其行为侵害了本单位资金的占有权和使用权，就应该构成本罪。但依据上述最高人民法院的司法解释，行为人挪用公款给集体、国有企业的行为，没有为自己谋利且辅助了国有、集体企业，不应当构成挪用资金罪。一方面，这是国家主义立场的体现，国家主义强调行为只要维护了整个国家大集体的利益，以集体主义为核心，具有深厚的社会本为的色彩，推崇只要行为是对公共利益的维护就是合理的观念。另一方面，这也是与法益侵害说相对立的规范违反说的立场，规范违反说认为行为尽管侵犯法益的，但没有违背伦理——行为人帮助其他国有、集体企业而自己没有获利并不构成犯罪。案情如下：梁某在担任某县食品药品监督管理局局长期间，利用该局是该县药品保健品协会（以下简称协会）业务主管单位的关系，以协会名义与某职业培训学校（以下简称学校）合作在该县办理公共营养师培训班（学员是全县各药店员工），并单独出面与该学校洽谈合作条件。约定：学校对每期每个学生收 1600 元培训费，学校以每个学员 400 元的金额返还协会作为劳务费，另私下以每个学员 200 元返还梁某作为个人酬劳；培训费由协会代收，扣除按照约定返还的金额后，再付给学校。根据双方达成的合作协议，学校在某县招收学员 263 人，共计 52600 元。梁某安排该协会经办人姚某收取此费用并把此款全部存入由其指定的账户上。后梁某根据协议扣除按每个学员 600 元计算

---

① 该条规定：公司、企业或者其他单位的工作人员，利用职务上的便利，挪用本单位资金归个人使用或者借贷给他人，数额较大、超过三个月未还，或者未超过三个月，但数额较大，进行营利活动的，或者进行非法活动的，构成挪用资金罪？

② 内容为：挪用公款归个人使用，包括挪用本人使用或者给他人使用；挪用公款给私有公司、私有企业使用的，属于挪用公款归个人使用。

的返还费 157800 元后,将剩余的款项交给学校。事后,梁某告诉协会会长在本次合作中学校返还了一定数量的金钱,但没说具体数额,会长也没有过问此款是在药监局账上还是个人账户上,不了了之。其中,被扣留的 157800 元直至案发约一年时间里被梁某借给了某集体企业。

庭审中梁某辩称收取学校返还的 52600 元系个人劳务所得,而暂时挪用协会的返还资金属于救助集体企业帮助其渡过难关,不仅无过而且有功。对其收取的学校返还的 52600 元系个人劳务所得的观点是无法成立的。本案关键在于梁某实际利用了药监局局长的身份为协会与学校牵线搭桥。换言之,如果梁某不是药监局局长,药监局与协会成员单位之间没有业务上的管理关系,协会成员单位未必愿意付费指派员工参加这类培训活动,而无法召集足够数量的学员参与培训,没有数量保证,培训的成本加大,培训单位又未必愿意开办。可见,学校返还梁某的"个人酬劳"是梁某利用职务便利得到的回报。我国《刑法》第 385 条第 2 款规定:"国家工作人员在经济往来中,违反国家规定,收受各种名义的回扣、手续费归个人所有,以受贿论处。"但本案的关键在于梁某挪用协会的钱怎么定性?

对其不予刑法评价的主张基于以下理由。第一,由于梁某促成学校与协会交易与自己管理部门的业务无关,动用个人账户存放他人款项似乎算不上公款私存,况且协会会长和经办人员姚某依稀知道收费这件事,因而很难证明梁某具有私吞协会收益的故意。第二,即便断言梁某暂予借贷给他人该笔款项的做法违法,也不可能被纳入刑法的评价。第三,即便梁某的行为是基于借鸡生蛋的主观恶性,且其挪用资金用于借贷他人已经严重损害了政府公共管理活动中的形象,而行为人对挪用款项归个人营利活动的违法性是明知的,但是他挪用的款项不具有公款性质,也不是已经处于国家机关管理活动中的其他属性的财产,根据罪刑法定原则不能定为挪用公款。第四,梁某的行为同样不完全符合挪用资金罪的构成要件,《刑法》第 272 条对挪用的款项做了严格限定,行为人挪用的必须是本单位资金才构成该罪,而梁某挪用的是为其他单位保管的款项,而且其客观上是借贷给集体企业渡过难关,因而也不宜纳入刑法评价。最后法院以挪用其他单位款项但借贷给集体企业为由判决梁某无罪。但本书认为,梁某扣留协会受益的行为应予刑法评价。首先,他收受52600元回扣的行为是有罪的,占有协会157800元钱不还的行为却无罪,即轻行为定罪而重行为不予刑法,明显存在逻辑悖论。其次,针对上述观点来看,根据《刑法》第91条第2款的规定,公款应当是指"国家和集体所有的款项",①梁某占有的是集体的款项,而他意在将集体款项挪作他用,不管行为方式为何种,即无论借贷给何人,适用挪用公款罪对其处罚是妥当的。因为,刑法打击的就是擅自挪用款项给自己或者他人的行为。刑法之所以规定挪用公款罪和挪用资金罪,意在将该罪主体范围分别限于公务人员和公司、企业等单位的人员,目的在于防止这两类人利用职务便利侵吞本单位财物。最后,梁某占有协会的157800元没有纳入刑法评价。在此,本书无意批判法院的判决,但认为如果坚持法益侵害原则,该案结论应该相反。

而在有些情况下,行为没有侵害法益但却违背了社会善良风俗,很多时候却被当作犯罪处理。"南京换妻案"就是一个典型事例。2007年到2009年间,南京某大学副教授通过网络建群的方式,网罗一些网友到其家中卧室里进行"换妻"游戏,总次数达18次之多,后因聚众淫乱而被获刑3年半。根据《刑法》第301条的规定,聚众进行淫乱活动的,对首要分子和多次参加者,追究刑事责任。本案是三个以上成年人,基于同意所秘密共同实施的行为。如果依据犯罪是侵害法益的行为,因为本案没有侵害部分公众对性的感情,故不应该构成犯罪。而根据规范违反说,行为人聚众进行淫乱活动,且为首要分子和多次参加者,应当构成聚众淫乱罪。事实上,本案行为人也确实以该罪名被定罪量刑。对此,张明楷的观点很有代表性:刑法是一种拘束自由的重大痛苦,其自身并非理想,这个案件是没有被害人的案件,其行为违背了部分人对性关系的看法。法官基于维护善良风俗的考虑,将私下场合聚众淫乱行为解释为妨害社会管理秩序因而构成聚众淫乱罪。但是,存在不同的价值观的现代社会对这些行为应当宽容。法律只要保障不同价值观的人共存就行了。刑法的适用原

---

① 高铭暄等主编:《中国刑法的解释》,中国法制出版社2005年版,第2897页。

则上必须限于违反他人意思,事实上对他人造成重大侵害或者威胁的行为。① 而且"时至今日,社会善良风俗仍旧处于一种非制度化、非系统化的状态,仍然靠一种较松散的组织结构来发挥自己的功用"②。就本案而言,单纯以刑法来维持伦理存在滥用刑罚的风险。综上,维护社会伦理并单靠适用刑法,刑法机能只能是保护法益,它通过保护法益体现自己的道德立场。这意味着刑事指导性案例的功能也只能是保护法益。

此外,对不能犯以犯罪论处的做法是把评价核心放在行为人表露于外的对法律的敌对态度而非法益的侵害。一个典型的案例是,被告人肖某 1995 年曾因盗窃罪被判处有期徒刑,其后的 2001 年他又将两封装有虚假炭疽杆菌的邮件分别寄到上海市有关部门及新闻单位。法院以危险方法危害公共安全罪并以累犯身份判处其 4 年有期徒刑。就本案而言,肖某邮寄虚假病毒邮件的行为是有社会危害性的,但社会危害性是否达到造成社会恐慌的程度值得商榷。但法院以危害公共安全论处,将其放置在等同于放火、爆炸、投放危险物质等重大犯罪而适用重罪,这表明裁判者的评价核心是法的敌对态度。值得注意的是,该判决公布十天之后,全国人大常委会《刑法修正案(三)》增设了投放虚假危险物质罪。那么,可以推断《刑法》第 114 条的以危险方法危害公共安全罪没有投放虚假危险物质罪的内容,因为如果有这一内容完全没有必要增设这一条款。肖某却被认定"以危险方法危害公共安全罪",将完全不具有毒害性的假炭疽杆菌作为危险物质,不能不说本案的认定是与法益侵害说相背离的。此种情况并不利于发挥刑法的行为规制机能,因为刑法是行为规范,通过这类行为规范,使得对犯罪刑为的规范评价得以具体实现,表明犯罪行为在法律上是无价值的,同时告诫人们不得实施犯罪形为的意识决定。而尽管此案中行为人意欲使假炭疽病毒造成上海有关部门恐慌,其对法的敌对态度确实较强,但严格按照法益侵害来看,适用该刑罚是不恰当的(当然,如果此事发生在《刑法修正案(三)》增设了投放虚假危险物质罪之

---

① 参见张明楷:《法益初论》(2003 年修订版),中国政法大学出版社 2003 年版,第317 页。

② 参见夏伟东:《道德本质论》,中国人民大学出版社 1995 年版,第 98 页。

后,被判处投放虚假危险物质罪则没有什么问题)。

当然,对"法益"的刑法教义学考察也要进行综合判断,所谓"法益"实际也包括了犯罪人的权利保护,只是后者与其他法益包括普通公民人权保护之间不时此消彼长,人们才会将其分开讨论;而且,貌似不同主体的法律利益或者直指公民的权利内容或源于人权保护,因此刑法目的实际上应当是保障人权。然而,由于很多犯罪的设置都面临价值选择,因此,只有先正确确定刑法中个罪立法所着力维系的规范,才能正确决定法益侵害评价的方向,这说明行为侵害或者威胁法益时的可罚性程度是建立在道德评价基础之上的。例如为维护家庭和睦对婚内强制性行为不定罪、基于为民除害而杀人、为救助下岗女工而挪用公款等都损害了法益但并没有加以处置或者减轻处置,这侧面证实刑法在个罪中面对法益冲突,其关注和保护的是哪种法益,取决于个罪立法着力点在哪里。事实上,社会是平衡的有机体,在对多种法益进行衡量时,如果其中一种明显强大,那么,它将在法律中有所体现,对其他法益的保护力度就应该减弱一些,达到一定的平衡。

如"白某峰强奸案"和"王某明强奸案",就为处理婚内强奸案件提供了规则。其中,白某峰案的裁判理由指出:"如果在合法婚姻关系存续期间,丈夫不顾妻子反对,甚至采用暴力手段与妻子强行发生性关系的行为,不属刑法意义上的违背妇女意志与妇女进行性行为,不能构成强奸罪。"[①]而王某明案的裁判理由则指出:"在婚姻关系非正常存续期间,如离婚诉讼期间,婚姻关系已进入法定的解除程序,虽然婚姻关系仍然存在,但已不能再推定女方对性行为是一种同意的承诺,也就没有理由从婚姻关系出发否定强奸罪的成立。"[②]上述两个案例确立了以下规则:"在婚姻关系正常存续期间,丈夫不能成为强奸罪的主体;在婚姻关系非正常存续期间,丈夫可以成为强奸罪的主体。"最近在网上炒得很热的关于"婚内

---

①　最高人民法院刑事审判第一、二、三、四、五庭编:《刑事审判参考》(第3辑),法律出版社1999年版,第25页。

②　最高人民法院刑事审判第一、二、三、四、五庭编:《刑事审判参考》(第3辑),法律出版社1999年版,第28页。

强奸"的案件,最后被以强奸罪定罪:两个青年男女订婚之后择日成婚,按习俗先办婚事再择机补办登记。婚礼已毕入洞房之际,"新娘"反悔了。"新郎"觉得"生米煮成了熟饭",何况自家为此已花掉积蓄的 4 万元钱,不入洞房岂不荒唐!于是强行与"新娘"发生了性行为。事后,"新娘"四处告状,要求对"新郎"治罪。最初当地公检法均不理睬,后因妇联做工作,才"依法判决被告人构成强奸罪"。该案件一波三折处理结果体现出对道德的重视而非法益保护,尽管结果是合法的,但却向公众传达出不太积极的信号:就是即使行为构成犯罪,但在传统习俗支撑下必须有"相关部门做工作"才能被定罪,这也是受规范违反说影响的结果。

三、刑事指导性案例的生成——结果无价值之坚持

在大陆法系的犯罪构成理论中,关于违法性的根据(或实质)存在结果无价值与行为无价值的区分。所谓结果无价值的基本观点是,"刑法的目的与任务是保护法益,违法性的根据(或实质)是法益侵害及其危险,没有造成法益侵害及其危险的行为,即使违反了社会伦理秩序,缺乏社会的相当性,也不能成为刑法的处罚对象"[1];而行为无价值主张"刑法的目的是保护社会伦理秩序,即行为是否违反了一般人所信奉的伦理秩序来决定有无违法性的标准"[2]。

虽然我国犯罪论体系与大陆法系国家有着相当的不同,但是相同的争论也是存在的,即社会危害性[3]的实质是法益侵害还是规范违反?换言之,结果无价值与行为无价值的争论,在某种意义上,可以置换为法益侵害说与规范违反说的争论。根据上文观点,犯罪的本质是法益侵害,那么,依此逻辑,结果无价值论必然应当是我们所要坚持的。具体到本书的语境中,刑事指导性案例的生成必须坚持结果无价值论立场。

从理论上讲,刑事指导性案例的生成是为了合理调控犯罪圈,指导司

---

① 张明楷:《行为无价值论与结果无价值论》,北京大学出版社 2012 年版,第 15 页。
② 张明楷:《刑法的基本立场》,中国法制出版社 2008 年版,第 171 页。
③ 三阶层理论中的违法性基本对等于我国犯罪论体系中的社会危害性。

法实践。毫无疑问,结果无价值论的坚持,必然会紧缩犯罪圈。因为只有坚持结果无价值论,将仅仅违犯规范、伦理而无法益侵害性的行为排除出罪①,才会合理地对犯罪圈进行调控。申言之,任何案例只有坚持结果无价值才能成为"真正"的指导性案例,才会合理地指导司法实践。然而,令人遗憾的是,根据本书的界定标准,相当一部分所谓的"指导性案例"是存在问题的。试举两例进行分析:

案例一:张某筠运输毒品(未遂)案②。被告人胡某因赌博欠下债务,遂图财害命将被害人韩某根杀害并肢解。后以毒品为由,唆使张某筠等人将其运到某火车站寄存。法院判决胡某构成故意杀人罪,张某筠构成运输毒品罪(未遂)。裁判理由认为:被告人张某筠意图运输毒品,实际运送尸块的行为,属刑法理论上的行为人对事实认识错误的一种,因此不能实现其犯罪目的,属对象不能犯。对于不能犯能否治罪,应当区分绝对不能犯和相对不能犯两种情形。所谓绝对不能犯是指行为人处于极端迷信、愚昧无知而采取没有任何客观依据,在任何情况下都不可能产生实际危险结果的手段、方法以企图实现其犯罪意图的情形。由于其不具有实质的社会危害性而不构成犯罪;相对不能犯是行为人认识到手段和目的之间的因果联系是真实的、有科学依据的,只是因为行为人一时疏忽致使意欲实施的行为与其实际实施的行为形似而质异才未能造成犯罪结果,故相对不能犯构成犯罪未遂。因此,本案张某筠等人的行为构成运输毒品罪(未遂)。然而,这是行为无价值的体现,如果说犯罪发生的过程是由主观到客观,但认定犯罪的过程必须从客观到主观。

上述指导性案例必然导致"犯罪客观要件名存实亡,导致司法机关根据心理状态甚至根据被告人的口供认定行为的行为;另一方面,将客观行为视为罪过的征表,使客观行为丧失了内在的意义"③。具体而言,本案张某筠的行为并没有侵害法益但也被定罪论处。但是,如果从结果无价

---

① 主张对通奸、成人间合意且秘密的同性恋等"没有被害人的犯罪"以及吸食毒品等"自己是被害人的犯罪"实行非犯罪化。

② 参见最高人民法院刑一、二、三、四、五庭主编:《中国刑事审判指导案例》(第3卷),法律出版社2009年版,第15～16页。

③ 张明楷:《刑法的基本立场》,中国法制出版社2008年版,第88页。

值的观点来看,该结果值得商榷。因为犯罪既遂犯是因为侵害或者威胁了法益才受处罚;未遂犯是因为行为有侵害法益的危险而受罚。然而,误以为毒品而运送尸体的行为不可能产生真正运送毒品的后果,我们就不能认定其为运送毒品罪的实行行为。而且上述裁判理由认为行为人假象的危险行为无论如何都不会产生实质后果从而无罪。通常刑法理论认为:刑法规定毒品犯罪是为了实现对毒品的管制,即毒品犯罪的客体是国家对毒品的管制。[①] 具体而言,由于毒品危害公众健康,刑法最终保护的是公众身体健康。由此可见,规制毒品类犯罪所侵害的法益归根结底是公众健康,但本案运送的是尸体,无法对公众健康造成危害,不能构成运送毒品罪。这种相对不能犯处罚的理由在于行为人一时疏忽致使意欲实施的行为与其实际实施的行为形似而质异才未能造成犯罪结果,这反映出司法实践将运送毒品的故意作为独立的处罚根据了。事实上,本案中胡斌的行为构成故意杀人罪和诈骗罪,即胡利用了不知情的张某筠等人的行为为其掩盖杀人事实。在这种情况下,由于张某筠的行为并无危害公众健康的运送毒品行为就不构成犯罪。

案例二:农民偷越(国)边境案[②]。一群农民打扮的人,在经过边检口岸出境时,由于他们持有的是赴加拿大的商务考察签证而被边检人员拦下,边检人员的理由很简单:农民去商务考察是值得怀疑的。经过盘查,这些人承认自己的最终目的地是去美国。当然,加拿大领馆的人据此取消了这些人的签证。警方也介入调查并挖出了替这些人申领签证的被告人,并以"组织他人偷越(国)边境罪"立案调查。

警方和公诉人员都认为:本案中被拦下的一群人是一些"以合法证件形式掩盖非法出国目的的新型偷渡者"。这些期望以安全方式出境的人或是出国淘金、与家人团聚或是打工谋生,目的本身是良好的,大费周章辗转几国的原因是他们几乎都尝试过自己不畏寒暑、彻夜排队的申领签证而以各种莫名其妙的理由被拒绝。因此,他们不得不寻求某些与他国使领馆有特殊关系的人取得签证。公诉人逻辑在于:你们以不真实的目

---

① 高铭暄:《新编中国刑法学》(下册),中国人民大学出版社 1998 年版,第 912 页。

② 参见邓子滨:《中国实质刑法观批判》,法律出版社 2009 年版,第 127~133 页。

的骗取签证，即使护照、签证都是真实的。如果你们用这些证件滞留他国或者转道第三国，就是偷渡。但是，如果本案被告涉嫌构成《刑法》第318条"组织他人偷越（国）边境罪"，那么被组织者——这帮意欲出国的人则可能构成《刑法》第332条规定的"偷越（国）边境罪"。然而，《刑法》第332条规定的"偷越（国）边境罪"规定，偷越（国）边境罪，是指违反（国）边境管理法规，偷越（国）边境的行为。这种空白罪状又要依靠相关法规进行进一步明确。《出入境管理法》第2条规定："中国公民凭国务院主管机关及其授权的机关签发的有效护照或者其他有效证件出、入境的，无须办理签证。"这说明签证不是法律的固有要求。第3条规定："中国公民出、入境，从对外开放的或者指定的口岸通行，接受边防检查机关的检查。"由此可见，只要公民持有效护照在边防口岸接受出入境检查，即符合（国）边境管理法规的要求。但是公诉人却以"以合法持有护照实现非法目的"为由要求惩处组织申领签证的人，明显是以"出国目的"进行刑法考虑。然而"偷越（国）边境罪"并没有要求行为人的目的，那么既然那群出国农民行为目的并不在本罪的考虑范围，帮助他们申领签证的人的行为更不可能构成"组织他人偷越（国）边境罪"。在此，刑法的适用已经脱离了构成要件的范围，附加了行为人的目的内容，实属主观主义的窠臼。本案最终被定罪，为此，邓子滨博士认为："本案中发动刑事诉讼的一方并没有遵循法定的判断标准，而是根据证据打击犯罪的良好愿望，附加了其他判断标准，从而得出了即使持用真证件也能构成偷越（国）边境罪的结论。"①

　　最近，歌手吴某飞发微博称：我想炸的地方有北京人才交流中心的居委会，还有住建委。第二天吴某飞被警方带走，并以寻衅滋事被刑事拘留。律师被通知拟以对吴某飞以散布虚假恐怖信息罪批捕，而后几天后警方将刑事拘留改为行政拘留。本案中行为人谗口舌之快，在网上发布不当言论而被拘留，拘留的理由是涉嫌寻衅滋事。寻衅滋事之要义在于"无事生非，肆意妄为"。明显，吴某飞在网上发布这些信息并不符合这些要件，其后警方又拟以散布虚假恐怖信息罪对其批捕。散布虚假恐怖信息罪是2001年《刑法修正案（三）》所增设，位于妨害社会管理秩序罪一

---

　　①　邓子滨：《中国实质刑法观批判》，法律出版社2009年版，第133页。

类,是一结果犯。这意味着散布虚假恐怖信息罪不仅要有散布行为,还得产生社会秩序的混乱,造成一般民众的生活因虚假恐怖信息受到影响。而后尽管警方以行政拘留取代了刑事拘留,但公权力这一系列行为无不表达出行为无价值的立场——重视行为的反伦理性和反常规性。这不仅导致国民无法预测自己的行为性质,而且现实中导致不当限制国民的自由。当前网络上国民表达言语自由的方式很多,也不免有浑水摸鱼趁机挑起事端认,也有网民不当发泄自己不满情绪的宣泄,但因此就进入刑法评价确实有坚持行为无价值立场之嫌。

第二节　对罪刑法定原则的具体表达

随着社会的转型,个人权利保障意识逐渐得到加强,以保证人权作为主要目的的罪刑法定原则纳入刑法典是法制建设的必由之路,为此 1997 刑法典明确规定罪刑法定原则。现阶段我国正处于社会体制深刻变革的转型时期,行政权力膨胀和刑法权的不当放大都是这一社会的主要特征,罪刑法定原则的抽象确立和最终得到贯彻实施之间有一段距离。

一、罪刑法定原则的内涵

罪刑法定原则的经典表述是法无明文不定罪,法无明文不处罚。我国现行《刑法》第 3 条规定[①]略有不同。有关罪刑法定原则在刑法中的地位一直存在两种看法:有人认为它最早来源于英国 1215 年《大宪章》;有人认为它最早是由意大利学者贝卡利亚提出的。限于目前资料情况,关于罪刑法定原则的最早出处已无从考证,但是应当肯定的是,罪刑法定原则的出现有着相同的历史背景,它的提出基于相同的目标,即都是为了防止罪刑擅断、滥施刑罚,保障公民自由和维护社会基本秩序。

---

① 亦即"法律没有明文规定为犯罪行为的,不得定罪处刑"。

　　关于罪刑法定原则的内容,可以分为形式侧面与实质侧面两方面解读。法律主义、禁止事后法、禁止类推解释、禁止不定期刑是罪刑法定的"传统内容",也是其形式侧面的主要内容。在此,需要说明的是,法律主义是指"规定犯罪及其法律后果的法律必须是成文的法律;法官只能根据成文法律定罪量刑。具体要求为:规定犯罪及其法律后果的法律只能是立法机关制定的法律"①。由此可见,形式侧面的罪刑法定可以限制司法权。但是,随着工具理性的推崇,迷信法律的确定性(法律本身的内在价值被弱化)寄希望于通过技术手段来将法律"雕刻"得精美无暇的思潮推动了罪刑法定原则形式侧面的"大旗飘扬",这不得不说是对罪刑法定原则的一种误读。

　　关于罪刑法定原则的实质层面的理解,西方学者存在这样一种理解:"在法的本质问题上,将'罪刑法定'原则中的'法'理解为体现'人类理性'的'自然法';在法的价值取向问题上着重强调个人的利益应服从社会的需要,将维护保卫社会生活的基本条件作为刑法的首要任务;在刑法的渊源问题上,强调刑法表现形式的多样性和内容的不确定性;在犯罪本质问题上,强调犯罪行为的社会危害性只要行为的社会危害性达到了犯罪的程度,即使在没有法律明文规定的情况下,也应受刑罚处罚,只要行为不具有应有的社会危害性,即使有法律的明文规定,也不得当作犯罪来处理。"②虽然这种理解克服了某些论者所谓"仅强调形式侧面难免恶法之治"③的担忧,但是却走向了与形式侧面相对立的另一个极端。其过于强调直觉在法律适用中的作用无疑动摇了法律的确定性,使法律虚无主义得以张扬。事实上,关于罪刑法定主义实质侧面的理解,一般包括明确

　　①　张明楷:《刑法学》,法律出版社2007年第3版,第45页。
　　②　陈忠林:《从外在形式到内在实质的追求——论罪刑法定原则蕴含的价值冲突及我国刑法应有的立法选择》,载《现代法学》1997年第1期。
　　③　邓子滨:《中国实质刑法观批判》,法律出版社2009年版,第187页。

性①、禁止处罚不当罚的行为、禁止处罚不均匀、残酷的刑罚,这为对罪刑法定原则实质层面的理解划定了一定的边界范围,同时也克服了形式侧面所遭遇的难题。然而,事实上,"实质主义的罪刑法定原则并非对罪刑法定原则的形式侧面的完全否定,而是在形式理性的基础上以及框架内追求实质理性,因而是将更多的虽然符合法律规定但却不具有处罚必要性或者合理性的行为排斥在犯罪范围之外。"②

需要说明的是,罪刑法定原则包含形式与实质两个层面,两个层面缺一不可。那种仅强调形式侧面而忽视实质侧面或者仅强调实质侧面而忽视形式侧面的理解都是片面、错误的理解。而且,同时强调上述两个侧面不仅能够限制司法权,也能对立法权形成一定制约。

罪刑法定原则的核心之一是"罪之法定",所谓"罪"有两种解读:其一,将人的具有社会意义的行为视为过程,这个过程即行为是指造成危害结果或令法益处于现实危险的行为加上伴随其先后的表现,这明显是大行为的概念;其二,将犯罪行为狭义界定为符合构成要件的行为,在刑事立法中它指刑法分则规定的抽象个罪,在刑事司法中它指法官根据刑法总则分则规定确认的具体个罪,而那些伴随其先后的行为只能有条件纳入影响罪量的因素。笔者认为,前一种解读尽管看到行为与行为人间根源性关联,但由此展开刑法评价存在无限拉长犯罪过程和扩大犯罪圈的风险,偏离对犯罪本质的评价,甚者走向主观定罪的泥潭。而后一定义基于刑法规定的罪状及犯罪构成,由于以构成要件作为行为应受刑罚处罚性的标尺,它更能反映犯罪本质的特征,体现行为与责任同在的原理,因而更为可取。在这个意义上看,基于定罪需求生成的刑事指导性案例起到的是明确犯罪构成要件要素的作用。

---

① 明确性的要求是,规定犯罪的法律条文必须清楚明确,使人能确切了解违法行为的内容,准确地确定犯罪行为与非犯罪行为的范围,以保障该规范没有明文规定的行为不会成为该规范适用的对象。参见张明楷:《刑法学》,法律出版社 2007 年第 3 版,第51 页。

② 陈兴良:《形式与实质的关系:刑法学的反思性检讨》,载《法学研究》2008 年第6 期。

二、罪刑法定原则的司法困境

罪刑法定原则有两个基本方面组成:"法律明文规定的,依照法律定
罪处刑;法律没有规定的,不得定罪处罚。"①可见,对犯罪构成要素的明
确规定是该原则发挥实质作用的另一要点。然而,"法律的局限性孕育于
立法活动,隐瞒于法律文本,表现于适用过程"②。因此,罪刑法定原则与
法律本身特性就产生了两种悖论:第一,由于僵硬的法律文本无法涵盖丰
富多彩的现实生活。那么,对文本无法言及的领域也就是法律没有"明
文"规定的情形,如果涉及刑法规制违反罪刑法定原则。第二,即使刑法
有规定性内容,但其用语的模糊,导致司法适用的不明确。如刑法中的
"其他"词语,这种概然性规定使理解者不一定能准确捕捉其实质内容。
例如《刑法典》第 225 条非法经营罪中第 4 项的"其他严重扰乱市场秩序
的非法经营行为"。尽管司法解释不遗余力地细化各类非法经营行为以
期望对"其他严重扰乱市场秩序的非法经营行为"的认定明确化。但现实
中形形色色的各类非法经营行为让司法解释者时而疲于奔命时而顾此失
彼,主审法官也由于法典规定的含糊和司法解释的有限性而无所适从。
如 A 系放水钱者(高利贷者),为扩大"生意"面,于市面街头以某融资公
司名义贴小广告,称贷款无抵押且放款迅速。甲为一花农,正为近日购买
花籽的费用发愁,见此广告遂与 A 联系。两人见面后对借款金额和高额
利息达成一致:甲借 A 30 万元,时间为 3 个月,总利息为 5 万元。A 告诉
甲,尽管说的是无抵押贷款,但为了他的借款安全,甲须弄一假的房产证
给他保管。如果事后甲及时还钱,此假证就销毁;如果甲不及时还钱,则
持此假证到司法机关告发甲涉嫌合同诈骗罪,甲依允。于是,甲当日就提
交伪造房产证一份,A 则将扣除利息的贷款 25 万元给甲。甲遂写了一张
欠条给 A,该欠条上注明甲借到 A 30 万元。甲借到钱后,因为资金流转
出现障碍,且贷款利息过高而无法还上。A 见此情况,就持甲伪造的房产

---

① 何秉松:《刑法教科书》,中国法制出版社 1997 年版,第 63 页。

② 董皞:《司法解释论》,中国政法大学出版社 1999 年版,第 89 页。

证到司法机关告发甲合同诈骗罪。

本案中如何评价 A 的行为是本案的核心,具体争议在于:第一种观点认为甲行为不构成犯罪,因为行为人与被害人已经事先达成一致,如果被害人不还款则告发。因此,被害人事先的同意可以排除告发行为的违法性。第二种观点认为 A 故意采取让对方提交无效证件作为抵押方式进行非法借贷,并以此伪造证件为要挟,迫使对方归还,否则借此告发使对方受到刑事追究。该行为符合诬告陷害罪的特征。第三种观点认为 A 发放高利贷的行为,属于一种非法经营行为,而在发放高利贷后通过以使他人受到刑事追究为胁迫手段,敦促他人履行还款义务的,而事实上也直接导致了司法机关的介入。此类行为符合非法经营行为中的"情节严重"情形,应当定性为非法经营罪。最后,法院以合同诈骗罪定罪,主审法官认为发放高利贷的行为似乎符合非法经营罪的要件,但立法中的"其他严重扰乱市场秩序的非法经营行为"规定实在太含糊,有"口袋罪"之嫌,且司法解释也没有规定发放高利贷属于非法经营罪的范畴,根据行为已经造成极坏影响,判处合同诈骗罪相对还合理些。在此,本书不评论定罪结果的合理性,唯想表达的是,在现有规范体系下,即使法律有相应规定,且司法解释也极力跟进的情况下,案件事实的裁量同样存在模糊之处。综上,尽管刑法中的"漏洞"几成老生常谈,但"立法万能主义"的传统思维又使人们对立法者的理性完全信任,习惯于在立法出台后,进行新一轮的立法思考,即原有规则即使有所欠缺,我们就期待再度修改或者出台相关细则以达成弥补之策。然而,对规范的弥补无非是立法和司法解释两种途径得以实现,立法解释是立法者对法典的细化,而司法解释无非是最高司法机关在具体适用法律问题的解答,仍然是立法形式的延伸,解释权高度垄断在最高司法机关手中且采取抽象解释的方式,其实质是"头疼医头、脚痛医脚"式规则弥补形式。由此可见,无论是刑事立法的铺天盖地还是司法解释的不遗余力,这都是一种自上而下的立法思维。现有刑法解释几乎都固化在立法式司法解释的窠臼里。

其实,刑法规范与刑事司法过程是互相协调、共同发展的互助过程:一方面,刑法规范表现出来的一般规则通过刑事审判的开展得以具体实现,规范与事实之间的张力得到有效平衡。另一方面,刑事司法过程中所不断涌现和提炼出来的具体内容叠加式的抽象到一般规则层面，进而推动立法的发展。正所谓"只有在积累了相当数量的具体案例处理经验之后，才能说实体法的某项条文具有什么样的内容"①。那种仅仅把司法过程看作现有规则（无论是立法还是司法解释）现实化的观点，往往忽视了刑法裁量与刑法规范互动的实质，是一种法典万能主义的简单臆想。由此可见，罪刑法定原则作为刑事法治的核心，注重成文刑法的无上地位、克服司法恣意是其重要的内涵，但更重要的是注重对刑法规则精神的具体落实。刑法规则和司法解释存在的漏洞和滞后性是不可避免的，加之文字本身所具有的抽象性和不确定性，那种简单地认为，"有了罪刑法定原则就实现了从制度上对这些问题的取消，只要强调执法从严刑法的规范性要求就可以顺利实现，这实在是不负责任的'鸵鸟政策'"。② 当现有法律文本内容与司法适用之间存在搭配间隙时，需要通过一定方式实质地解释、补充刑法，进而闭合刑法的开放结构。而在罪刑法定原则指导下的中国法制建设体制里，要通过变革现有的刑法运行机制，将立法、司法解释与司法适用双向过程有机地衔接起来。换言之，只有抛弃那种刑事立法完美性追求的单向思维，寻求刑法运作机制的合理化和有效规制，实现刑事立法和刑事司法与执行共同进步，指导性案例无疑是现有法律框架内的合理选择。即有条件的认可法官个人解释的生存空间，通过个案解释的方式扭转现有立法与各类司法解释与事实之间简单的"拉郎配"，改变那种案件审理过程中体现出来的司法智慧和经验如同猴子摘西瓜似的随着案件的结束而被丢弃的状态，从而达到"个案裁判由于遵循先行判决能够维系罪刑标准认定的纵向平衡，群体行为由于遵循先例而促使其标准认定具有横向平衡"③的效果。

---

① 王亚新：《民事诉讼的程序、实体和程序保障》，载［日］谷口安平：《程序的正义与诉讼》，王亚新、刘荣军译，中国政法大学出版社1996年版，第2～3页。

② 杨磊：《成文法制度下罪刑法定原则的确证与强化——刑事案例指导制度与中国刑事法治建设》，载陈兴良主编：《刑事法评论》（第21卷），北京大学出版社2007年版，第201页。

③ 王利荣：《论量刑合理性》，西南政法大学2007届博士论文，第101页。

三、突破困境的选择:生成刑事指导性案例

当前我国大陆的解释体系中缺失了重要一环,法官的个人解释,而其他或称弥补之策或称漏洞填充物的各类解释,都是规范性语言与事实的简单对接,正是由于缺乏对法官个人解释的关注而使整个解释体系僵化且苍白,酿成新的病灶再所难免。因此,刑事指导性案例制度化对刑事司法业务指导的技术意义是积极的,其重大意义的核心就在于其本质是罪刑法定原则的具体化并最终有助于实现罪刑法定原则。

1. 刑事指导性案例通过个案解释的方式,清晰规范的含义并完善立法。具体而言,不同于高高在上的司法解释,法官的个案解释是自下而上产生的最终由"江湖"到"庙堂"的以案例解释刑法的方式,这种解释方式注重对事实的解析和对条文精神的掌握,以裁判充分说的形式,为同类案件的处理建立一个具体感性的比较模板。事实上,司法过程的价值判断形式表现多样,有的是意识形态,有的是通过目的解释等方式加以体现,但不管哪种形式都比一般社会科学和自然科学显得更加有趣。卡多佐也指出:"司法过程是一种妥协,一种矛盾与矛盾之间、确定性与不确定性之间、崇尚书面文字的拘泥字义与破坏规律及有序的虚无主义之间的妥协。"在这个过程中,刑事指导性案例就是在我国刑事成文法律制度框架下,抛开"试图建立一个完美法律制度的美好世界"的臆想,通过对案例中富有指导性要旨的理解、以启迪法官思维,提升法官审判水平,从而更好贯彻、执行以及完善刑法规范,进而真正实现罪刑法定的有力举措。

德国肌瘤案[①]:被告人乃是一家医院的主治医师。他给附带起诉人做了一例手术。在以前的一次检查中,她被检查出了一个有两个拳头大的子宫肌瘤,他建议实施手术切除,在手术过程中才发现如果要切除这个肌瘤必须切除子宫,被告人就切除了整个子宫。对于这样大的手术,附带起诉人当时并不同意。州法院认为,在手术前便允许被告人认为,附带起

---

① [德]克罗斯·罗克辛:《德国最高法院判例刑法总论》,何庆仁、蔡桂生译,中国人民大学出版社2011年版,第112页。

诉人将对他后来实施的手术表示合意。这点违反了法律。Roxin 教授认为，这种考虑遗漏论述了一个问题，亦即：被告人在手术前和附带起诉人交代的时候，是否必须和能够想到这种容易产生的情况，即该肿瘤是个与子宫紧紧相连的肌瘤，若要清除它难免要完整地切除子宫。这个时候不能因为他知道这个事实就推定病人的同意。因为病人也有可能愿意继续在其体内器官中保留一个本身很危险的肿瘤，而不愿意失去整个器官。因此，承诺的射程不能太远，本案中医生应当中止手术和事先询问病人的方式获得承诺，而他没有这么做故构成过失的身体伤害。但随着社会的发展，更多的人认为不值得认同该论证，如果说明义务必须扩张到能够阻止根本不理智的人作出承诺的情状，那这个义务就无边无际了。本案就是这种情况，为了维持病人的生命，切除子宫是必要的，而且没有任何人会认为保留这个子宫会带来任何好处。逐渐有判例一致认为，只有对理智的病人作出同意而言，不管从什么角度都可能有意义的那些可能的结果，才必须加以说明。这个案件说明随着时代的发展，对被害人承诺的理解越来越倾向于按照普通百姓对刑法禁令的理解，而当代社会普通百姓对刑法禁令的理解也越来越宽容。

刑事指导性案例有助于立法的完善。如赵某东无罪释放案[①]：此案反映的是在思想被禁锢了近 20 多年的 20 世纪 80 年代，如何评价知识分

---

① 　赵某东无罪释放案：20 世纪 80 年代初，赵某东得知全国从国外引进 10 万余台 PC 微型电子计算机，随机外文资料（说明书）有限，且很零散，广大用户渴望有一套较全面系统的中文资料。为满足用户之需，赵某东与学会理事长张某宇商定，搜集 PC 微机原文资料，以学会的名义，组织一批专业、外文兼优的科技人员，利用业余时间进行翻译。赵某东组织以刘某明为代表的 22 名译者，并与其签订了翻译“PC 资料”协议书。协议书确定了译稿要求、交稿时间和稿酬标准。协议书中没有明确盈利如何分配。为解决资金困难，赵某东采用预收订户资料款的方法，向全国 28 个省、市、自治区发了“PC 资料”征订单。其后，赵某东先后根据合同提取 30% 技术咨询费和奖励费的规定，从省科技咨询中心和智力开发中心，支取 10 余万元。法院认为：根据中国科学院沈阳分院〔1985〕57 号文件、辽科协〔1983〕41 号文件和沈阳市委、市政府〔1985〕30 号文件均规定，参加咨询项目的科技人员可提取不超过纯收益 30% 的酬金。可见，赵某东组织人员利用业余时间，翻译、印刷，并依法签订合同，有偿转让“PC 资料”，从中提取 30% 的咨询费是合法的。因此，确认赵某东的行为未触犯刑法，对被告人赵某东宣布无罪释放。参见《最高人民法院公报》1987 年第 1 期。

子利用业余时间提供技术服务后收取一定劳动报酬的行为。当时,检察机关是直接以贪污罪提起公诉的,法院审理后认定赵某东组织人员利用业余时间有偿提供智力劳动所得的费用来源合法,因而判决确认赵某东的行为未触犯刑法,无罪释放。第二年公报以案例形式公开发布,这一案例的公布无疑是对外释放解放和发展生产力,促进各种劳动力要素充分发挥作用的信号。又如《最高人民法院公报》1988 年第 1 期公布了陈某林、陈某培走私大熊猫皮案就是明显一例。众所周知,大熊猫是国家重点保护的濒危灭绝野生动物,但 20 世纪 80 年代中期,猎杀大熊猫以贩卖、走私大熊猫皮的犯罪活动日渐猖獗。而按照 1979 年《刑法》第 130 条的规定①,对猎杀大熊猫等犯罪法定刑过低,完全无法抵制这种疯狂的猎杀行为,也无法实现社会防卫目的。而在司法实践中,猎杀大熊猫、藏羚羊等珍稀动物的行为不仅仅是破坏野生动物资源,更多涉及非法利益链。《最高人民法院公报》公布对陈某林、陈某培走私大熊猫皮案的处理结论,直接推动立法对大熊猫等野生动物保护的完善。这主要表现在立法机关根据司法实践,于 1988 年 11 月 6 日作出了《关于惩治捕杀国家重点保护的珍贵、濒危野生动物犯罪的补充规定》②。这样,对非法捕杀行为刑罚处置明显提高,而且把倒卖等行为按照转化犯处理,提高了刑法的震慑力度。在其后 1997 年刑法的修改中,立法基本上吸收了上述精神。

2. 刑事指导性案例有助于多元价值下的个案正义,推动刑事司法运行机制完善和民众对法治的信仰。在一个逐步走向法治、人权的社会,正义应该尽可能地体现时代的精神和社会发展的方向。法律一旦形成文本,无所谓善恶。但法的本质还是追求正义,而正义只有在个案中才更有实际意义。为此,伯顿以日常生活中情节来说明正义只有在个案中才能得到很好阐述:有两个儿子的母亲在对待儿子上床睡觉的时间上有区别,

---

① 1979 年《刑法》第 131 条规定:违反狩猎法规,在禁猎区、禁猎期或者使用禁用的工具、方法进行狩猎,破坏珍禽、珍兽或者其他野生动物资源,情节严重的,处 2 年以下有期徒刑、拘役。

② 《关于惩治捕杀国家重点保护的珍贵、濒危野生动物犯罪的补充规定》规定:非法捕杀国家重点保护的珍贵、濒危野生动物的,处 7 年以下有期徒刑或者拘役,可以并处或者单处罚金;非法出售、倒卖、走私的,按投机倒把罪、走私罪处刑。

她允许大儿子可以待到九点才睡觉,但小儿子却要更早。为此小儿子认为同样是儿子就应该在同一个时间点睡觉,因此主张他也待到九点才上床。但是母亲并不认同小儿子的观点进而解释说哥哥需要的睡眠时间比弟弟的少。因此,按照母亲的逻辑:两个儿子因为年龄有差异应该受到不同对待。[①] 因此,母亲的解释就具有支配作用。如果母亲认为儿子都是一样的,那么弟弟和哥哥的上床时间也应该是一样的,而如果她认为小儿子年龄小需要更多的休息时间,那么弟弟就应该较早时间上床。由此可见,母亲的解释类似于法官断案,小孩子都应该早点休息——这是普通规则,但小儿子之所以比大儿子的睡眠时间要多,是因为小儿子年龄小需要更多的休息时间,这是母亲对小儿子特别的要求,也体现出个案正义的内在含义。然而,事物的多角度性决定了不同主体对同一事物认识是不同的,其中个案正义与一般正义的协调需要综合考量很多因素。但是,如果连一般正义——结论的正义性为社会所承认,那么刑事审判的一般正义更难把握,其结果就有可能使性质相同的案件的一部分纳入某一具体构成要件的范畴,而另一部分则游离在法律控制之外。就刑事指导性案例而言,通过对案例的公布有助于统一对构成要件的解释、清晰规范的真正含义。

既然刑事指导性案例有统一构成要件阶段的功能,那么,必然要求主审法官发挥主观能动性,在案件审理过程中充分说理以及严密论证,而这必然触及对法官技能的考验和程序制度的完善,如此一来,对推动我国法律制度的完善和法官技能的培养大有益处。指导性案例制度化在积累法官判决经验的基础上,分析同类案件的关联性,注重案件的逻辑推理研究,推进对典型案件的法理研究。[②] 这有助于刑法运行机制的有效规制。一方面,在刑事司法适用过程中,将一线法官审理案件所累积起来的智慧和经验提炼到一般规范的层面,这些来源于最广泛实践的声音,为刑法规则的修改和完善提供了翔实和充分的素材。达到"我们在不必(也根本不

---

① ［美］史蒂文·J. 伯顿:《法律和法律推理导论》,张志铭、解兴权译,中国政法大学出版社 2000 年版,第 31 页。

② 龚稼立:《关于先例判决和判例指导的思考》,载《河南社会科学》2004 年第 2 期。

可能)回答什么是正义的情况下,事实上拥有逐渐逼近正义的法律"①。一方面,刑事指导性案例有助于法官技能的培养和法律思维的提升,从而为刑法司法适用建立强大的法律适用人才群体,从而为实现刑事法治打下良好基础。法律适用说到底是人在适用,无论多么完备的法律体系,如果适用主体仅仅根据自己的"价值"取向和法律感性去理解法律、适用法律,姑且抛开司法腐败、权力干涉等外在因素的影响,这样的适用也是僵化和教条的。久而久之,法律技术和方法似乎是学理上的命题,法律论证和推理就成为走过场,法官成为适用法律的"机器",法律则成为主权者的命令,判决之所以有约束力是因为它是法官根据主权者的命令所作出的。② 这是我国法律人处理遇到的案件时,很少在案件中进行充分论证的原因,也是我国刑事判决(包括其他部门法的判决)简单粗糙的原因。正如陈金钊教授所说:"我国的法典是宜粗不宜细的,法律运用也是简单粗糙的,判决是建立在简单的判断基础上的,制度上没有要求进行论证,判决书中基本也没有论证。"③这样一来,粗糙的立法和粗线条的司法构成我国刑事司法简陋的镜像。立法的完备非一朝一夕,且立法本身痼疾使很多以完善立法为己任的立法者倍感无力,但司法过程的精细化,司法适用体制的完善和规制却是可以逐渐完成的。正如有学者所言,刑事案例指导制度化直接的着眼点就在于刑事法律的适用环节和判决结果,而这些正是刑事法治建设当中最实质和最困难的问题所在。④ 在这个完善体制的过程中,实施指导性案例制度化则起到积极作用,原因在于,刑事指导性案例要求公开判决,但从现有的判决书来看,通常"本院认为"部分简单地罗列了裁判理由,法官思维过程中很多内容都湮灭于其中。而指

---

① 刘海波:《判例法与中国的法治建设研究报告》,2008 年 11 月 18 日中国人民大学公共政策研究院和美国加图研究所联合举办的"通往和谐发展道路:中国改革开放三十周年国际学术研讨会"会议论文。

② [英]霍布斯:《利维坦》,黎思复等译,商务印书馆 1995 年版,第 32 页。

③ 陈金钊:《法律解释学——权利(权力)的张扬和方法的制约》,中国人民大学出版社 2011 年版,第 21 页。

④ 杨磊:《成文法制度下罪刑法定原则的确证与强化——刑事案例指导制度与中国刑事法治建设》,载陈兴良主编:《刑事法评论》(第 21 卷),北京大学出版社 2007 年版,第 201 页。

导性案例就可以促进法官充分说理,即判决作出后很好地讲清楚裁判的理由,进而出现值得借鉴的指导性案例,而指导性案例的颁布又可以引导类似案件法官在审理案件时进行"例证推理",从案例中探寻到富有意义的裁判规则,继而得出合理裁判的结论,从而使指导性案例的适用进入良性循环的轨道,最终使法官群体甚至整个法律人群体的头脑中法典理性与司法经验有机结合,促进刑法适用机制合理化、法治化。

　　刑事指导性案例的推广,也能强化民众对刑事司法判决乃至刑事法治的认同和信仰。通过指导性案例领会规范的意义,这符合普通人认识事物由表及里、由表面到实质的认识规律。一方面,其具体性和可鉴别性有助于司法人员处理同类案件时达到认识的统一,克服裁判的随意性,实现同案同判,强化司法权威,推动刑法法治实质化发展。很长一段时间里,我们刑事司法领域里"同案不同判"现象比较严重,如云南的"何某案"与广东的"许某案"就是典型例子。"许某案"以所谓的民意的胜利让许某得以轻刑,而何某则不那么幸运,故两案的裁判结果由于具有极大差异而广被诟病。对公众来讲,似乎只有自己的广泛参与才能让案件处理更加透明和公正,这样的状况极大地损害了司法权威和公信力,造成民众对刑法运行的合理性与正当性产生深刻质疑。通过指导性案例抑制"同案不同判"现象的产生,有助于民众对刑事法治的认同与信仰。

第三章

生成刑事指导性案例的具体内容 I:入罪

在刑事司法领域,司法的任务无非是定罪和量刑,而本书意在写定罪——犯罪圈的划定问题,而就此问题而言,入罪化和出罪化是一体两面,入罪是指通过刑事立法手段或刑事法规的解释与适用,赋予行为刑罚的法律效果,使行为人成为刑事制裁的对象。而另一方面就是非犯罪化,即将原本法律规范之犯罪行为,通过立法程序或法律解释,将其排除出犯罪圈。通常认为,行为是否构成犯罪以及构成何种犯罪,是依据行为是否符合某具体犯罪构成确定的,而现行《刑法》第3条前半段规定"法律明文规定为犯罪行为的,依照法律定罪处罚",也表明定罪过程是一种三段论式的逻辑推导过程。对大多数案件的处理来看,严格依据制定法中犯罪构成为大前提,行为是否符合犯罪构成为小前提,也能得出相对合理甚至很能体现公正性的判决。但是,由于法律大前提即规范含义不尽清晰,法官不得不在刑法原则指导下体系性考察具体条文的现实含义,进而不得不对规范进行实质解释,这实际上确有创法的意味,它本身突破了司法三段论论证框架。近年来,在一些疑难案件司法裁判过程中部分法官还逐步意识到,要想从规范与事实无法一一对应的现实中实现定罪准确,量刑适当的司法目标,仅仅依靠从犯罪构成认定犯罪然后才实现量刑——"以罪定刑"的司法思维,似乎多少显得有些力不从心。部分法官有意识地培养"以刑定罪"的逆向定罪逻辑,以缓和形式理性与实质理性的"貌合神离",重接规范文本与社会情理的裂变。

由此可见,在刑事指导性案例生成过程中,刑法适用活动离不开对犯罪构成的理解,同样,我们不能忽视"以刑定罪"这种隐形的司法技能在司法过程中的作用,鉴于它们代表不同的刑事司法生产逻辑,本书就以下方面进行探讨。

第一节　具体定罪标准一般性生成

——以故意毁坏财产罪展开

依据理论共识,犯罪构成是指决定行为是否构成犯罪以及构成何种犯罪的一系列主客观要件的总和。而犯罪构成就是从众多犯罪行为中抽象出来的理论模型,定罪就是依据犯罪构成认定某一行为是否构成犯罪以及构成何种犯罪的过程。从形式上来看,定罪就是将刑法规定的犯罪构成要素对接于具体的事实,实现对事实的定性,但离开具体案件事实而对构成要件进行任何意义的解释都是"镜花水月"。在刑法规定的诸多罪名中,不是每个罪名都须生成指导性案例,比如《刑法》第102条规定的背叛国家罪在司法实践中适用概率是很低的,即使是从历年众多刑法文章中也从来就没有看到对此撰写的论文,刻意生产这类案例既不大可能也没有必要。相对而言,侵财性犯罪是常见犯罪,由此生成刑事指导性案例往往可以能够很快收到指导的效果。笔者从《刑事审判参考》中提取出两个关于故意毁坏财物罪的具体指导性案例进行分析,有两层用意:一方面,借此清晰具体犯罪的构成要件;另一方面,通过对具体犯罪构成要件的解释反证对生成刑事指导性案例质量的要求。根据《刑法》第275条的规定①大体看出该罪的犯罪构成要件要素。从毁坏行为及行为人意志内容看,规范规定似乎很明确,不会产生什么歧义。但事实并非如此,本书摘取两个案例及裁判结论说明了这一点。

---

① 所谓故意毁坏财物罪指故意毁坏公私财物,数额较大或者有其他严重情节的行为。

案例一为朱某勇故意毁坏财物案①：2002 年 4 月到 5 月之间，因为与被害人夫妇有私怨，被告人朱某勇事先获悉被害人的账号和密码，侵入后者的股票交易账户，并使用被害人夫妇在股票账户里所持有的资金，以高进低出的方式买卖股票，其间朱某勇还篡改了账户密码。后朱某勇再次作案时被当场发现。朱某勇被发现后，立即如实供认了全部事实，并赔偿了被害人夫妇的经济损失。而该损失是根据股票成交平均价计算的，即先计算朱某勇首次作案时被害人账户内的股票与资金余额，减去案发时账户内所存的股票与资金余额。法院认为：行为人故意侵入他人股票交易账户，在他人股票账户采用高进低出的泄愤方式交易，最终造成他人巨大数额的财产损失，行为构成故意毁坏财物罪。

该案被判处故意毁坏财物罪，并且被视为指导性案例刊登在《最高人民法院公报》上，尽管有不同见解，但笔者认为此指导性案例的论证过程和理由基本上达到了"符合法律思维方式，维护法治精神，融社会性、规范性和正义性于一身的判决"②。法治社会，每个人都期待司法能作出"伟大的判决"，而判决的伟大之处在于其充分说理，让每个人都能听懂，因此，法治社会要求每一个裁判结论的成立都要建立在合乎逻辑的说理性基础之上。有些指导性案例如果抛开行政权威对裁判的无形支持，也很难说能够达到指导其他同类型案件的作用。但是，本案应该说是树立了对"故意毁坏财物罪"构成要件要素进行实质解释的重要参考。因此借助本案对"故意毁坏财物罪"进行分析，厘清指导性案例在司法中的重要指导作用。认定故意毁坏财物罪需要理解两个要素：故意、毁坏。无行为就无犯罪，首先就从行为——"毁坏"开始论述刑事指导性案例的生成内容。

一、对"毁坏"行为的案例分析

行为，指人的自由意思支配下的身体的动静。③ 刑法上的行为是指

---

① 《最高人民法院公报》，人民法院出版社 2004 年第 4 期。

② 陈金钊：《法律解释学——权利（权力）的张扬与方法的制约》，中国人民大学出版社 2011 年版，第 27 页。

③ 曲新久：《刑法的精神与范畴》，中国政法大学出版社 2003 年版，第 154 页。

在社会关系中具有实践意义重要性的身体动静。符合构成要件的行为,……严重侵害或危害重要生活利益的不法行为。① 故意毁坏财物罪中的行为,就是对"毁坏"的理解,存在一个分歧在于如何理解"毁坏"。对"毁坏"的理解,从理论上来讲,通常有三种学说:(1)效用侵害说。该说认为"毁坏是包括所有意义上的财物灭失状态,同时也包括损害财物效用的一切行为"②。(2)有形侵害说。该说认为毁损是指对财物施加了有形作用力,使财物的无形价值或者效用受到损害,或者损害物体的完整性行为。该说强调毁损由两部分组成:物理有形力和由物理有形力造成的损害。③ (3)物质毁损说。该学说认为毁坏是对该财物的整体或部分造成物质上的损坏,使得财物部分或完全不能依其本来的用途使用。④ 效用侵害说限于效用丧失或者降低的结果,对行为方式倒没有加以限制。由此而得到学者批判,认为该说囊括范围过于广泛。因为按照该学说的逻辑,"毁坏"行为方式几乎涉及所有的范围,导致该学说在实践中存在范围过于宽泛,而最终犯罪的边际无限蔓延。有形侵害说开始注重行为,强调了有形作用力对于界定毁坏的作用,但由于无形作用力很难准确认定,实务操作上存在着困难;物质的毁损说强调采用导致财物遭受物质的损毁的手段,但又将后果局限在物理性损毁,不包括功能性损毁,也存在缺陷。基于行为的破坏性,才能把那些虽然使他人财产遭受损失,但并未采用破坏性手段的行为从毁坏中予以排除。⑤ 由此可见,主要学说似乎都无法对规范意义"毁坏"一词所涵涉的范围进行明确的界定。现实中,毁坏可以表示行为方式,如"毁坏桌子",也可以表示行为结果,如"桌子被毁坏了"。大致看来,这种日常语言中的文字含义与刑法规范意义上的"毁坏"

---

① ［日］小野清一郎:《犯罪构成要件的理论》,王泰译,中国人民大学出版社1991年版,第51页。

② 孙昌军、徐绫泽:《论小康社会私有财产的刑法保护》,载《湖南文理学院学报(社会科学版)》2005年第2期。

③ 赵秉志主编:《外国刑法各论》,中国人民大学出版社2006年版,第253页。

④ 赵秉志主编:《外国刑法各论》,中国人民大学出版社2006年版,第253页。

⑤ 陈兴良:《故意毁坏财物行为之定性研究——以朱建勇案和孙静案为线索的分析》,载《国家检察官学院学报》2009年第1期。

没有太多差别,因此,故意毁坏财物罪中的"毁坏",不仅仅是使他人财产受到损失这种结果,而且还有采取毁坏的方式造成这种损失的内涵。

本案承办法官认为:朱某勇的行为之所以被认定为故意毁坏财物罪是因为该行为使"使财物的价值降低或损失",而这恰恰是"毁坏"的应有之义,故行为符合该罪的犯罪构成要件要素。[①] 这种论证思路是值得赞赏的。尽管有观点认为:该案是以本质推出形式,是反果为因的错误做法,因为本质特征是价值层面的超规范形式存在的,而实行行为是具体规范的存在。这种从本质特征倒推出具体要件的方法,就是一种价值判断先于规范判断的方法。而这恰恰与认识规律相反,因为从现象到本质、形式到实质是认识的基本规律。换言之,从实体性存在出发,推导出实体性存在背后的价值内容,也就是从现象到本质,这是符合认识规律的。如果反其道而行之,从本质到现象,就容易先入为主,误入歧途。在刑法方法论中也是如此。因此,论者认为不能从本质推导出具体犯罪构成要件要素,而本案恰恰是这种思路。[②] 对此,笔者认同论者对认识事物规律的看法,从认识事物的角度看,由表及里的普遍的认识规律,即先看形式要件再关注实质要件。对此西田典之教授曾经论及裁判官如何思维时谈道:"如何保持裁判官做出正确、适当的判断这一意义上,构成要件的该当性→违法性→有责性这一顺序具有相当作用。理由在于,是否该当于可罚性行为类型这一构成要件该当行的判断在某种程度上具有形式性、明确性,正因为如此,若由此先设定一个限制性框架,即便其后对违法性、有责性进行实质判断,也不会扩大处罚范围。"西田教授进而得出"对于控制裁判官思考过程,进而将刑法的适用限定于适当正确的范围之内,构成要件的该当性→违法性→有责性这种犯罪论体系是一种行之有效的做法"[③]。尽管西田教授的观点建立在大陆法系三阶层犯罪论体系上,但对

---

① 参见卢方:《经济、财产犯罪案例精选》,上海人民出版社 2008 年版,第 413～418 页。

② 陈兴良:《故意毁坏财物行为之定性研究——以朱建勇案和孙静案为线索的分析》,载《国家检察官学院学报》2009 年第 1 期。

③ [日]西田典之:《日本刑法总论》,刘明祥、王昭武译,中国人民大学出版社 2007 年版,第 45 页。

我国的犯罪论体系并非毫无关系。因为无论哪种体系在认定犯罪过程中,形式判断必须先于实质判断,如果眉毛胡子一把抓,势必模糊犯罪圈的划定。

但是,事实上,本质特征与具体犯罪构成要件是互为表里的,完全割裂二者的联系也不大可能。因为形式判断和实质判断不可能泾渭分明,法官的思考必须不断穿梭于形式判断与实质判断之间。就故意毁坏财物罪而言,故意毁坏行为及后果受制于"对他人财产权的毁坏",即个罪的本质统领于犯罪本质——法益侵害。故意毁坏财物罪所侵害的法益就是侵害他人的财产权,即当财物的价值完全消亡就是"毁坏"。客观上不能看财物在物理上有没有毁坏,因为对被害人的财产权来说,当财产都没有了根本就谈不上权利,因此非法的、破坏性的导致他人财产损失的行为就可以实质解释为"毁坏"。换言之,恶意以非法方式导致他人财产权丧失的行为可以纳入"故意毁坏财产罪"的评价范围。因此,对行为是否构成故意毁坏财物罪的评价首先得看行为是否符合毁坏的含义,然后再看其实质。

当然,无论从理论上还是现实来看,仅仅从文字来看很难分出其界限。如果不联系案件事实解释构成要件,所有的解释都是苍白的。如同罗克辛教授举的几个案例:罪犯拎着受害者,将头部撞到建筑物的墙上,不会将墙壁视为危险性工具;而如果从墙上抠出一块砖头砸向受害人头部则是危险性伤害。而如果罪犯推墙将被害人压伤,当墙本来就摇摇欲坠时,就属于危险性伤害。但反过来如果墙是正常的墙面,偶尔推倒将被害人压伤则不属于危险性伤害。[①] 由此可见,对行为的深入探讨必须结合具体案件事实。此外,有一个必要的前提是解释结果在公众可认知和接受的范围,即法律语言的表达必须符合普通公众的语言习惯。在此意义上,本书认为,毁坏财物行为应当揭示行为破坏性,只有非法性、破坏性的行为才能构成毁坏,那些不具有非法性、破坏性的行为则不能认定为毁坏。例如,将他人的鸟儿从笼中放掉被认为是故意毁坏财物罪非常勉强,

---

① 陈兴良:《德国最高法院判例(刑法总论)序》,中国人民大学出版社2012年版,第5页。

行为只是导致他人灭失了鸟儿而非毁坏了。如果放掉鸟儿都被解释为"毁坏",这种解释明显违背了法律的明确性,扩大了故意毁坏财物罪的范围。但是,将他人花瓶打破就属于毁坏,因为行为人的"打碎"行为本身就是破坏性的。笔者基本认同本案主审法官对此的论证思路,但其关键性的一句话是:只要能使财物的价值或者使用价值得以降低或丧失,都可以视为毁坏行为。其结论是正确的,但论证略显不足,即并非所有只要导致他人财物的价值或者使用价值得以降低或者丧失的行为都视为毁坏行为。这需要加以限定,即以非法方式导致他人财产权受损。因为单纯理解这句话,容易导致对"毁坏"行为的理解不是建立在行为方式上,反倒是由结果——导致"他人财产价值或者使用价值降低"决定的误解。那么,故意毁坏财物罪的实质并非只要导致财物价值降低就构成故意毁坏财物罪,而是以非法性、毁坏性方式导致财产损失的行为就构成本罪。而这也与故意毁坏财物罪的法律依据相一致。《刑法》第 275 条规定:故意毁坏公私财物的,……。由此可见,该罪的构成要件里实行行为必须要求行为毁坏了公私财物,即必须首先是"毁坏"——非法性、毁坏性的手段和方式,其后导致他人财产权受损的后果。而本案法官认为的"使财物的价值降低或损失"的判断并非从本质推出形式要件,因为"财物的价值降低或损失"恰恰是行为表现的一部分内容。"毁坏"包括两层意思:一是非法性、破坏性的方式;二是财产权受损失。

那么,我们再次回到朱某勇案,朱某勇的行为是否构成故意毁坏财物罪的关键还是行为是否构成"毁坏"? 本案中朱某勇的行为是以"高买低卖"的恶意方式进行股票交易并最终使他人财产权受损的行为可以解释为故意毁坏财物罪中的"毁坏",因为故意毁坏财物罪就是故意毁坏他人财物的犯罪。一方面,朱某勇采用"高买低卖"的非法性、破坏性方式;另一方面,使他人财产的"价值或者使用价值"受到损害。尽管抛开案件事实,"高买低卖"股票与修辞学上的"毁坏"不太一致,但回到本案,对毁坏"一词进行实质解释",高进低出买卖股票的行为能够为被毁坏一词所涵摄。这种裁判方式并没有超出公众的认知能力。因为刑法设立"故意毁坏财物罪"意在惩罚的是那些采取"毁坏"手段并导致他人财物价值丧失或者降低的行为。也许有人会认为,即使朱某勇"高买低卖"而使他人股票的财物价值丧失或者降低,造成财产损失,可以作为民事纠纷处理,毕竟朱某勇事后退赔了这些损失,事实上并没有给被害人造成损害,由此限制刑法的惩罚范围。但是,以财产是否追回来作为评价罪与非罪并不符合罪刑法定原则,因为不能用事后行为解释可罚性程度。

此外,需要提及的是本案发生在股市,股市的不可预测性为本案的性质认定增加了难度,因为毁坏公私财物的行为应该是损失或减少财物本来效益的行为,但是股票行情千变万化,在案发时股票是下跌的,指不定在案件宣判时股票又暴涨,反而形成营利。所以,即使被告人有故意追求股票下跌致使被害人财物受损的主观心态,但行为结果并不一定追随其主观目的,而是发生在两可之间,本案的特殊点就在于行为人"高买低卖"的行为,如果行为人仅仅是高买在时间上不够宽裕还没有来得及低卖出去或者恰逢股市大涨而无法低卖出去,此时,还真的很难说行为构成"毁坏"。行为后果的不可预测性对衡量行为的可罚性造成相当的障碍。但是,本案不存在这样情形,因为"高买低卖"行为已经终了,也确实给被害人造成了财产损害,以"故意毁坏财物罪"进行评价是正确的。

二、对认识及意志因素的限制性解释

就朱某勇案例而言,其主观以泄愤为目的,高买低卖他人股票,其主观目的也确实是想导致他人财产损失,其行为符合故意毁坏财物没有什么疑问。但对于另外一个案件而言,其主观要素的分析则值得商榷。严某故意毁坏财产案:2003 年 6 月初,申银万国证券股份有限公司与上海电信局合作推出的"股神通"是一种让股民家庭电话与证券交易中心计算机网络相连通,通过可视电话委托直接进行股票交易的新型业务。被告人严某为提高自己操作股票的技能,遂利用"股神通"并采取连续试验登录的方法,破解了申银万国证券股份有限公司电子交易中心 77 名客户的资金账号及密码,并于 5 日至 18 日对其中 10 名客户的股票进行交易,造成他人经济损失人民币 13 万余元。法院认为:被告人严某明知非法侵入他人股票交易账户,并非法进行股票交易,会导致他人股票市值降低的结果,且放任这一结果的发生,造成他人经济损失达人民币 13 万余元,数额巨大,构成故意毁坏财物罪。[①] 对该案来说,对其行为性质的判断是未经过客观事实认定而直接跳跃式地进入主观事实的判断,这个解释过程值得探讨。

严某案上诉后,上诉法院法官撰文认为,间接故意可以构成故意毁坏财物罪的主观故意。具体理由是本案被告人严某作为一名长期从事股票交易的人员,对股票交易结果存在盈、亏两种风险是明知的。换言之,股票交易的盈、亏两种结果均在严某的意料之中,严某对自己非法操作他人股票的行为可能会对他人股票价值生成危害后果是明知的,因此严某具有毁坏财物故意的认识因素。为了提高自己操作股票的技能,被告人严某抱着无关乎自己行为是否会造成他人股票价值损失的主观心理态度,继续非法操作他人股票,这又具备了毁坏财物故意的意志因素。因此,被告人严某在主观上持有的是一种放任态度,即放任危害结果的发生,这种心态属于刑法规定的间接故意。具体而言,尽管严某的主观目的是为了提高股票操作技能,但对造成他人利益的风险是有充分认识的。为了进一步论证严某行为主观上是间接故意,撰文法官继续认为,"为了提高自己的股票操作技能,严某以牺牲他人利益这一后果作为必经阶段。即严某是把自己提高技能建立在可能会造成他人损失基础之上的,因此他原本想要达到的目的中就包含可能会导致他人财产损失的内容。严某这种既不积极追求,也不放弃的损害他人财物价值的主观心理明显具有社会危害性的犯罪故意。如若将其这种放任心理排除在故意毁坏财物罪主观故意之外,犯罪界限的划定必然不符合刑法的本质——法益侵害。所以,毁坏财物的目的并不只限于直接故意,也应包含在间接故意中,否认间接故意也是构成故意毁坏财物罪主观故意的观点有失偏颇"[②]。按照该法官的观点,被告人为提高自己操作股票的技能,破解其他客户的资金账户及密码擅自对他人股票进行交易,造成巨额财产损失,不管行为人是积极

---

① 最高人民法院刑一、二庭:《人民法院案例选》(第 4 辑),法律出版社 2005 年版,第 123 页。

② 费晔:《严峻故意毁坏财物上诉案》,上海市第二中级人民法院网站,http://www.shezfy.com/view/jpa/dycg_view.html? id=122,访问日期:2013 年 10 月 2 日。

追求，还是放任，只要其行为让他人作为财产性利益的股票代表丧失部分价值，就是毁坏他人财物的行为。

对此案的处理还是有争议的，学界有四种不同观点：第一种观点认为行为人在主观上具有毁坏财物的犯罪目的，而只有在直接故意犯罪中才存在犯罪目的，故本罪不可能是出于间接故意；第二种观点认为本罪的犯罪心理既包括直接故意也包括间接故意；第三种观点则认为本罪的主观要件以直接故意为主，间接故意为辅，间接故意主要表现在牵连犯中；第四种观点认为如果是无目的的间接故意，即行为人不希望某种公私财物毁坏结果的发生却造成公私财物毁坏的，或者是出于过失而毁坏公私财物的，属于民事赔偿问题，即使构成犯罪也不构成本罪。而上诉法院法官采用的是第二种观点。然而，就罪名设置来看，虽然与盗窃、诈骗、抢夺等取得型罪名相比分量较轻，不可否认"故意毁坏财物罪"是《刑法》第五章的独立罪名。具体来说，侵犯财产类罪中包含毁坏型和取得型两类，而"故意毁坏财物罪"是以毁坏而非占有为行为主要特征。进一步，既然毁坏财产罪是属于侵犯财产罪中的一个独立犯罪，那么其主观要件必然与侵犯财产罪的主观要件有关。而通说认为，侵犯财产类犯罪（侵占型和毁坏型）的主观构成要件是由故意构成的，取得型侵犯财产罪以非法占有目的为要件，毁坏型财产犯罪则不需要此内容。在这个意义上可以说，非法占有目的是毁坏型侵犯财产罪与取得型之间的差别。张明楷教授曾经举例说明：甲进入位于六楼（最高层）的被害人乙家，搬出彩色电视机后，从五楼与六楼的过道窗户将电视机扔到楼下毁坏。若甲是因为乙家窗户小、无法从窗户扔到楼下，特意搬至过道扔至楼下，当然成立故意毁坏财物罪；如若甲因发现乙正在上楼，为避免乙发现自己的盗窃行为而将电视机扔到楼下的，则应认定为盗窃罪。[①] 为此，张明楷教授认为，本案中盗窃罪与故意毁坏财物罪的区别就在于行为人是否有非法占有目的。鉴于盗窃罪与故意毁坏财物罪能够比较典型地代表取得型财产犯罪与毁灭型财产犯罪。由此，我们可以合理推断：取得型财产犯罪是取得财产的犯罪，而毁坏型财产犯罪是指消灭或减损财产价值的犯罪。那么，对与客观

---

① 张明楷：《刑法学》，法律出版社 2007 年第 3 版，第 707 页。

事实相对应的主观要件来说,取得型财产犯罪需要以取得财产为目的,后者则需要以消灭或者减损财产价值为目的。那么,这个意义上,刑法分则第五章的侵犯财产类犯罪都需要以特定目的作为犯罪构成要件要素。

而且,通说认为,以犯罪目的为构成要件要素的只能有直接故意构成。尽管张明楷教授认为:"从规范层面而言,刑法总则规定的故意犯罪包括直接故意犯罪与间接故意犯罪,因此,只要刑法分则所规定的犯罪为故意犯罪,就不排除间接故意的存在。人们说某种犯罪只能由直接故意构成时,只是根据有限事实所作的归纳,并非法律规定。"[①]但是,笔者认为此观点值得商榷,以某种目的为构成要件要素的犯罪只能由直接故意构成。因为仅仅从侵犯财产罪这一章来讲,无论取得型犯罪所需要的不法所有的意思,还是毁坏型犯罪中破坏生产经营罪里的"以泄愤或者其他目的"的规定来看,都是以直接故意为定罪的主观要件,但唯有故意毁坏财物罪具有间接故意的可能,这未免显得突兀。

就本案的情况来讲,如果严某捣鼓他人股票让他人挣了钱或者利益基本持平,没有危害后果存在,那么本案也就不够成犯罪。然而,众所周知,股海深如水,股价原本就是一个不确定的价格——涨跌不定。行为人侵入他人账户买卖股票时,对于该股票日后是涨是跌也不能确定。换言之,在本案中赚或者赔不依据严某的主观想法为转移,而严某既然操作他人股票以提高技能,其主观想法必然是让自己的技能提高而非越练越差,那么技能提高的标准必然是使他人获利。而本案之所以被提起公诉,是因为严某的行为失误或者技不如人导致他人财产损害。那么,如果换一种结果即如果严某的行为使他人获利了则不会被刑法关注,但事实是导致他人财产损失了从而引起本案。这个逻辑推理过程就很值得推敲:严某是否构成犯罪与其行为无关,而关乎股票买卖结果,盈利了则无事,亏了则构成犯罪。进一步,本案是否构成犯罪不是根据实行行为,而是以结果为依据。然而,根据刑法本质是法益侵害的理念,当某种内心倾向或者目的能够决定是否侵害法益而且最重要的是能决定行为的可罚性程度时,这种内心倾向或者目的就是隐形的主观要件内容。正如日本学者所

---

① 张明楷:《刑法学》,法律出版社 2007 年第 3 版,第 221 页。

称："无论如何,要成立故意,就必须对这些规范要素具有认识。"①因此,行为人故意的成立必须建立在对后果的认识是确定的。回到本罪来看,虽然条文的规定相对单一:故意毁坏他人财物的,……。但其主观要件只能由直接故意构成。一方面,这是立法有意的省略,因为法典力求语言精练,如果规定:"以故意毁坏财物为目的,故意毁坏公私财物的,……"这不仅显得冗长,而且是不必要的重复。另一方面,法典如此规定也为了统一刑法分则第五章侵犯财产类犯罪主观要件。因此,在本案中,行为人为了练习炒股技能而侵入他人账户进行股票买卖,与其进行股票交易的第三方没有任何利害关系,也不是为了自己牟利,即使造成巨大损失,也不应该构成犯罪。在这里,法院以事实上造成了巨大损失为基础,倒推出对结果即使具有放任的心态也构成犯罪的结论缺乏正当性。

综上,就上述两个案例而言,前一个案件事实认定和法律方法论证还是值得推崇的,这说明在案件审理过程中,对事实认定和法律判断往往依赖直觉或者简单的逻辑知识不值得推崇,案件处理结果的正当性和合理性很大程度上源于法官对规范的合理解释。而后一个案件之所以被诟病的最关键原因还在于法官在思考时,过于注重行为的主观色彩,认为其主观上的放任就是对法的敌视态度,进而值得刑法评价。这无利于判决结论的可接受性,在这个意义上,后案可以说是负面参考作用的指导性案例。

第二节　具体定罪标准的特殊性生成
——由甄别故意伤害及相关罪名切入

一、由一则案例引出问题

在我国刑法中,故意伤害罪是一个时常与其他暴力性犯罪罪名发生

---

① [日]平野龙一:《刑法总论 I》,有斐阁 1972 年版,第 169 页。转引自张明楷:《犯罪构成体系与构成要件要素》,北京大学出版社 2010 年版,第 212 页。

竞合的罪名。司法实践中,法官对相关罪名选择往往采取的是不同于前文提及的一般性思路,透过《刑事审判参考》中的"王某刚等故意伤害案"①,我们可以清晰看到另外一种定罪思路:即以刑定罪。

《刑法》第292条对聚众斗殴罪的规定就简单描述为"聚众斗殴的,……"。《刑法》第234条对故意伤害罪的罪状描述为"故意伤害他人身体的,……"。仅仅从文本字面含义来看,对三人以上持械互殴的行为性质判断中,故意伤害罪、寻衅滋事罪以及聚众斗殴罪容易产生混淆。从《刑事审判参考》中的"王某刚等故意伤害案",我们也许能得到另外一种定罪思路。

从该指导性案例可以看出,法院对人数众多的互殴行为性质界定,是结合事前以及事中行为人的行为加以分析。从法律条文来看,寻衅滋事

---

① 王某刚等故意伤害案:王和饭店职工聚餐,此时,对面店铺的老板胡某也同他人喝酒。胡某酒后端停车牌声音很大,影响了王等人喝酒,双方产生争执。胡某略占下风,遂叫嚣着跑回自己店铺。王见状就回到自己店里顺手拿起一把刀,同行老乡也同样拿起菜刀。此时王立刚说:"咱们做生意的,人家不来打架,咱们也别惹事,但是如果对方要来挑事我们就不怕。"这时,王看见对方几个人手持凶器冲过来了,就持刀走过去。后来双方混战在了一起。双方互有伤害,一会儿胡某等人又跑回自己店里,这时候发现自己的老乡后背流血,于是出来准备去医院。这时候王等人看到对方出门又追了出来,持刀将对方的两人砍成轻微伤,后民警赶到及时制止了事态的恶化。胡某老乡因为急性失血性休克而死亡。某市第二中级人民法院认为,被告人王某刚等人与他人发生矛盾后并不理智,持刀互砍而导致重大伤亡结果,行为已经构成故意伤害罪。案件审理过程中,对王某等人的行为有较大争议:一种意见认为只有王某刚的行为属于故意伤害,其他人则符合寻衅滋事罪的要件;另一种意见则笼统认为几个行为人都构成故意伤害;还有一种意见则认为双方互相斗殴,行为符合聚众斗殴罪。经过审理,法院最终认为几个人的行为构成故意伤害罪。理由如下:寻衅滋事罪的实行行为通常是单方面的,典型的就是"惹是生非",而产生这种随意行为的原因是多方面的,有日常生活也有随意挑衅。从本案情况来看,被害方的行为更具有寻衅滋事的特点。此外,本案尽管形式上符合聚众斗殴罪的客观特征,但本案事实上是被害人一方主动挑衅,被告方的被动性较为明显,最初并没有非法侵害对方的意图,故不宜认定为聚众斗殴罪。本案中被告人一方的互相斗殴很明显,面对危险王某刚并非通过正当途径解决反而准凶器"迎敌"。另外,当对方停止争斗再次出门,王在没有受到侵害的时候,持刀追杀,导致三人轻微伤的后果。此时,将被告人的行为认定为寻衅滋事不能完整评价行为的性质。因此,本案应该构成故意伤害罪。参见最高人民法院第一、二、三、四、五庭主办:《中国刑事审判指导案例》(第3卷),法律出版社2009年版,第367~370页。

和故意伤害罪还是有很大的差异的：首先，寻衅滋事罪侵犯的客体主要是社会公共秩序，而故意伤害罪侵犯的则是他人的身体健康权。其次，寻衅滋事罪的"随意殴打他人"在起因、对象和手段上带有一定的随意性。例如，其行为起因多出于内容荒唐的"无事生非"或思维混乱的"强盗逻辑"，其侵犯的对象大多带有不特定性，并且从行为人所采用的手段、器物、击打的部位来看，也没有明显伤害他人健康从而造成他人受伤的迹象。最后，依据传统刑法学理论通说的见解，寻衅滋事罪的主观方面带有明显的流氓动机，行为人实施寻衅滋事行为大多出于满足精神空虚或寻求精神刺激的动机或者目的，而故意伤害罪则往往无此动机或目的。①

二、反向一般定罪的思维方法

其实抛开法官对该行为构成要件的解释，影响他的选择另有深层原因。本书对该案从另一视角进行分析即反向一般定罪思维方式——"以刑定罪"。本案构成一死、二轻伤、三轻微伤的结果会首先引起自己的高度关注，相信法官刚拿到这个案件的时候，也许也会从结果的严重程度来倒推案件的定性。这也许出于平衡罪刑关系的动机，同时它又并非是对罪刑法定原则的颠覆。

这一思维过程可以进行以下大体的描述：首先，法官针对某一事实是否应受刑罚处罚具有一定的"前见"，也就是通常所说的"入刑思维"——即裁判者对一行为进行处理时背负社会公正与普遍良知，基于其良心、裁判经验和公正无私的价值判断等，来初步评判行为的社会危害性以及适用何种大致等量的刑罚，从而在刑事司法适用过程中始终相伴的思维。在这种思维支配下，当法官运用传统的三段论对事实依据规范进行裁剪时，发现得出的初步结论与入刑思维中形成的模糊前见有差异（甚至否认了入刑或出刑的可能）。其次，在这种冲突下，法官会基于社会公正理念指导下对社会调控体系进行全面考量基础上，对一行为是否先入刑再次

---

① 参见周建达：《以刑定罪：一种隐性的司法裁判知识》，西南政法大学 2013 年博士论文，第 26 页。

进行思考后,否定掉传统路径下产生的初步结论。运用自己依据司法经验和公正理念对法条进行鸟瞰,寻找适合的法条以及合适的罪名,最终发现某一罪适合裁剪案件事实与之相吻合。进而,某一罪便成为该案的"最终结论"。最后,为了表明这种"最终结论"的正当性,法官再次运用三段论式的司法推理逻辑对依据事实进行了正向推论。而我们看到的案例评析里的内容,就是法官隐藏了最终的定罪结论起到重要作用的"反向推论"过程后,以传统方式所产生的结论。

谈到这里,我们不得不对这种隐性的入刑思维进行探讨,正如张明楷教授所说:"在刑事裁判过程中,很多人事实上都是对案件结论有了大概的判断才去找理由的,这种思维并非错误。因为几乎所有争议的案件中,裁判者会下意识地产生一个结论,然后寻找相应的规范,从这些规范的文本中检视能否有包含案件事实的规定,这在国外并不新鲜通常叫作三段论的倒置,倒置三段论的实质就是现有结论再找依据,而这个结论的建立是凭借正义作出。而且这种正义感不是司法的恣意,往往需要长期的职业培训和法律熏陶,即经过长期的大量的案件比对和分析,裁判者会根据经验得出何种案件需要怎样处理。"[①]从文字表述来看,以刑定罪很容易被人简单认为先确定多少刑罚来倒推定罪。但从学理上来说,这种入刑思维系是对案件事实进行分析后,对行为是否可以得到刑事评价以及得到何种评价进行评判,并结合规范的具体规定,基于罪刑法定和罪刑相适应原则对行为进行具体判断。[②] 入刑观念是司法裁判的前见,不仅包括入刑而且还是具体裁量刑罚的逻辑前提,这并不是对罪刑法定原则的颠覆,相反正是这种前司法认知有助于罪刑法定原则与罪刑相适应原则的实现。因此,"以刑定罪"中的"刑"并非"刑罚"而是"刑法评价"。这种定罪前的入刑思考是隐形的因而常常被忽视,但是,这种思维恰恰为刑法作为其他部门法的最后屏障提供了一定保障。因为入刑前的考虑是法官基于公平正义理念充分发挥司法智慧产生的前见,而这可以克服仅以定罪

---

① 张明楷:《刑法解释理念》,载《国家检察官学院学报》2008 年第 6 期。

② 刘邦明:《论入刑思维在刑事司法中的影响和运用》,载《政治与法律》2010 年第 7 期。

为逻辑前提存在的传统定罪量刑模式。具体而言，司法三段论演绎是定罪量刑的传统做法。张明楷教授认为："大体而言，定罪是一个三段论的推理过程。刑法规范是大前提，案件事实是小前提，如果二者相符合，便可以作出相应的判决。"①从逻辑上来说，三段论似乎符合推理的一般规律。但是三段论建立在纯粹理性角度的逻辑演绎，这种演绎似乎远离国家和社会大环境，也不会评估刑事司法适用过程中的种种影响，是理性化和孤立化的思维。我们从以下两个知名案例可以看出入刑思维在司法适用过程中的作用。梁根林教授在《现代法治语境中的刑事政策》一文中将司法实践中的这种以刑定罪思维或者逻辑命名为"量刑反制定罪"。他认为司法裁判的过程中必须要坚持："转换传统的以纯粹的教条的构成要件来处理和思考案例裁判的观念，更新思路——即在疑难案件中就换种思维，基于社会公正的考虑案件何种处理方式是最妥当的。因为刑法是离道德最近的法律，任何法益衡量都必须建立在道德基础之上，而传统的三段论在处理疑难问题时过于冰冷。因此，我们要换一个角度，从量刑是否适当为出发点，反过来考虑与刑罚相适应的刑法定罪规定。这也可以成为量刑对定罪的逆向制约作用（当然，我所说的这种思维模式更多建立在疑难案件上，对传统的刑事案件用普通三段论能处理的）。这种量刑对定罪的制约有利于克服法条主义的弊端，从而实现一般正义与个案正义的妥洽。"②对此，高艳东博士可能更为极端，他认为纠缠于个罪之间的微小差别无益于刑事司法公正，相反只有致力于量刑公正才是刑法应该做的。③ 至于"以刑定罪"思维是不是对罪刑法定原则的颠覆问题，他认为："刑法既是被害人的大宪章，更多的是被告的大宪章。罪刑法定原则很大程度上是限制司法权的理念，其主要目的是为了准确评价被告人的行为性质、公正衡量其刑事责任并公平给与刑罚处罚。因此，变换罪名解决刑罚畸轻畸重的司法裁判是为了社会公平，从目的来讲依旧是为了维护被

---

①　张明楷：《案件事实的认定方法》，载《法学杂志》2006 年第 2 期。

②　梁根林：《现代法治语境中的刑事政策》，载《国家检察官学院学报》2008 年第 4 期。

③　高艳东：《量刑与定罪互动论：为了量刑公正可变换罪名》，载《现代法学》2009 年第 5 期。

告人的权益。相反,僵化理解'罪刑法定'原则,将该原则等同于司法三段论推理,则是认可和扶持恶法。"①

通常来说,动用刑法手段有两个标准:一是形式标准,作为最后保障法,当其他部门法律都无法对社会秩序进行有效调控或者进行调控都无法消除个人行为社会的影响时,刑法的启动才有必要;二是实质标准:个人行为已经威胁到其他法律制度的机制的运行,即不动用刑法,其他法律制度的损失无法修复。② 由此可见,入刑思维是"实现社会公正的手段。法的公正性是建立在社会大众的道德观念之上的。作为离道德最近的刑法,行为的社会危害性和应受刑罚处罚性形式上来源于法条的规定,更多的是社会公众内心共同的道德理念以及朴素的是非观念。③ 因此,入刑思维正是顺应刑法与道德关系基础之上的考量,进而决定某一行为是否进入刑法裁判的视域……因此,无论是基于社会公正与稳定,还是从对行为人的惩罚、矫正、改造思考,入刑的考量均成为刑事审判思维的逻辑起点"。要克服那种"只见法条、不见法理"的形式法治下的严格规则主义的局限性,转而诉诸一种实质刑事法治。正如冯亚东教授所说:"当代社会,各种行为都是错综复杂的。可以说,在一些案件的处理上,正向的思维已经无法应对的复杂的社会生活。而逆向思维恰恰弥补了这一缝隙。(当然,我们不是认识司法裁判仅仅涉及传统的三段论和反向的量刑反制定罪两种方式)行为总是要处理的,但怎么处理往往更加关键。是否进入犯罪圈值得思考,进入犯罪圈后承担那种刑事责任更能符合社会一般正义,倒过来便能决定该进入哪种程序并由此圈定行为的基本性质;如果以其他法律责任方式即可简单有效处置,则大可不必动以复杂昂贵冷酷的刑

---

① 高艳东:《量刑与定罪互动论:为了量刑公正可变换罪名》,载《现代法学》2009 年第 5 期。

② 参见刘邦明:《论入刑思维在刑事司法中的影响和运用》,载《政治与法律》2010 年第 7 期。

③ 参见刘邦明:《论入刑思维在刑事司法中的影响和运用》,载《政治与法律》2010 年第 7 期。

事诉讼程序。"①定罪活动的目的直接落定在寻求处罚的妥当性上。而"以刑定罪"无疑在某种程度上实现了处罚的妥当性问题。

三、"以刑定罪"的司法现状

（一）"以刑定罪"存在原因

尽管似乎不合常理，但"以刑定罪"的定罪思维却客观存在，存在原因很大程度上在于罪刑设置不均衡，这又与刑法明文规定的刑法基本原则之一——罪刑相适应原则相背离。按照罪刑相适应原则的要求，在刑事立法过程中需要充分考虑犯罪与刑罚大致相对称，重罪重罚轻罪轻罚。而且更重要的是，司法者在刑事司法的过程中也都应当对犯罪分子判处与其行为的社会危害与人身危险性相当的刑罚。罪刑均衡看起来简单，做起来并不容易。总体来讲，我国刑事立法和司法过程中的不均衡现象犯罪还在一定程度上存在。首先对立法而言，有鉴于立法"宜粗不宜细"的指导思想，我国立法总体上还是比较粗疏的状态，这为罪刑不均衡打下伏笔，法律文本载负的个罪的罪刑不典型或者不匹配的现象还是存在。例如，《刑法修正案（八）》对"扒窃"行为的入罪便是例子。虽然国民对"扒窃"行为恨之入骨，但将这样一种轻微的不法行为入罪进而用刑罚加以惩戒，不免让人对刑法的扩大化心存忧虑。

传统的盗窃罪以数额作为评价社会危害性程度的标准，即数额达到刑法规定的追诉标准的，即构成盗窃罪。但考虑到盗窃行为本身情节的复杂性，立法者对行为方式、手段、主观因素等作出选择性规定，使各入罪条件并列且独立发生作用。为此，《刑法修正案（八）》第39条专门规定特殊盗窃，一般盗窃与特殊盗窃（多次、入户、携带凶器、扒窃）存在较大的构成差异，即一般盗窃以数额作为入罪的标准，而特殊盗窃则以行为的实施作为判断构成犯罪的标准。但笔者认为，将非数额型盗窃行为作为构成盗窃罪的基本罪状不具有合理性，但是，为了尊重立法者制定的法律条

---

① 冯亚东：《罪行关系的反思和重构——兼谈罚金刑现阶段在中国之适用》，载《中国社会科学》2006年第5期。

文,只能将这些特殊盗窃行为作为盗窃罪的基本罪状,使之具备独立成罪之意义。当将多次盗窃、入户盗窃、携带凶器盗窃、扒窃行为纳入刑法的调整范围时,一方面,倡导将特殊盗窃行为在满足盗窃罪数额的标准,即在成立盗窃罪的前提下,将多次盗窃、入户盗窃、携带凶器盗窃、扒窃行为作为盗窃罪的情节加重犯,升格法定刑。另一方面,为克服非数额型盗窃行为有违刑法谦抑性的弊端,有必要对其作出一定的限制。在讨论各个行为的限定之前,非数额型盗窃行为虽然没有"数额较大"的要求,但其窃取的财物应该是值得刑法保护的,并且根据《刑法》第 13 条关于"情节显著轻微危害不大的,不认为是犯罪"的规定,非数额型盗窃也应符合一定的起刑标准,具体可在低于一般盗窃"数额较大"的前提下,根据当地的经济情况来确定。看起来问题似乎是解决了。但刑事立法上的罪刑不典型的存在,常常使得法官在刑事司法过程中定罪判罚顾虑重重:不定罪,似乎明显违背法律的明文规定;定罪,又觉得量刑过重。

众所周知,我国《刑事诉讼法》规定,对于犯罪的认定必须坚持"事实清楚、证据确凿"。然而,"长期以来受制于刑事侦查技术、水平与能力的限制,案件的事实证据常常'缺胳膊少腿',以至于刑事司法裁判中对犯罪的认定只能做到'两个基本',即'案件事实基本清楚,案件证据基本确凿'。这种案件事实证据上的'两个基本'思想和惯习的弥散,其直接的后果便是刑事司法裁判对于案件定性困难、量刑艰难,而更为严重的后果则是冤假错案的不可避免"[1]。有鉴于此,《刑事诉讼法修正案(二)》及时对此陋习加以了明文禁止。但是,基于传统的惯性以及侦查水平、能力及技术设备的限制,在侦查环节,案件事实证据上的"两个基本"思想或者陋习仍然在实质性支配着侦查人员的行为。这样的残缺证据群在刑事诉讼中常常致使刑事法官左右为难:由于裁判结果事关被告人的核心利益——自由或不自由、刑重或者刑轻严格依法定罪或者采取疑难罪从轻,似乎过于勉强;但作出无罪判决或者疑难罪从无,似乎又过于"不给人家侦查机关面子"。而且特别是被害人或者被害人家属的信访压力又是不得不考

---

[1]　周建达:《以刑定罪:一种隐形的刑事司法裁判知识》,西南政法大学 2013 年博士学位论文,第 86 页。

虑的因素,尤其在涉及生命或者重大事故背景下,各方面压力导致尽管案件事实证据残缺,但法官也不敢"冒天下之大不韪"作出无罪判决,进而使疑罪从无的思想无法真正落到实处。

(二)"以刑定罪"的现实基础

客观地说,"以刑定罪"思维必须在长期实践基础上才能得出,刚参加工作的法官要用此类思维不大现实,正如法院内部人士自己所称:有时候办案得跟着感觉走,感觉并非天马行空而是源自于长期实践。就像卖瓜瓜农,随便抓个瓜到手里掂掂都能感觉出成熟度和大概重量。因此,相应的担心应运而至,这种经验主义色彩浓厚的思维方法是否会摧毁罪刑法定原则抑或是任意出入人罪?而且,如此看来法官精英化更没必要,因为经过长时间的学徒式培训,貌似任何人都能成为法官。但是,上文已述,法官的"前见"——即裁判者对一行为进行处理时依据社会公正与普遍良知,建立在其良心、裁判经验和公正无私的价值判断等方面,来初步评判行为的社会危害性以及适用何种大致等量的刑罚的初步认知是很重要的。因此,美国法学家波斯纳曾说:"直觉是我们的一套基本的确信,它埋藏得很深,我们甚至不知如何质疑它,它无法令我们不相信,因此,它为我们的推论提供了前提。"[①]这一步骤是建立在良好的法学素养和知识背景下的。每个法官经过反复的司法裁判积累形成自己独有的一套认定思路,而其中法官的个人法学素养还是起到了很关键的作用,因为对业务素质或者对法学知识掌握更优秀的法官来说,其"前见"会更清晰和明确。但是,鉴于罪刑法定原则的规制且三段论推理的相当正当性,任何法官都不会把司法前见表达出来,因而这种思维过程是尽可能隐形的。正如波斯纳所说:由于"三段论的推理非常有力,又为人熟知,因此,渴求自己的活动看上去尽量客观的律师和法官都花费了很大的力气使法律推理看上去尽可能是三段论"。[②] 这也能解释当法官对案件事实分析基础上得出

---

① 〔美〕理查德·A.波斯纳:《法理学问题》,苏力译,中国政法大学出版社2002年版,第93页。

② 〔美〕理查德·A.波斯纳:《法理学问题》,苏力译,中国政法大学出版社2002年版,第50页。

自己的预判断后,依旧运用三段论式的司法推理逻辑对依据事实进行了正向推论,以完整闭合整个司法裁判过程。在此阶段里,司法三段论实际上发挥着一种对之前形成的"前见"的证成、批判乃至修正的作用。

(三)"以刑定罪"思维的适用范围

对于"以刑定罪"问题,笔者同学周建达博士作出过详细的论证,并深入实践进行了长期的田野调查,他做了"关于根据你以往的刑事审判经验,在疑难案件中,你的定罪方法是什么?"这一问题翔实的田野调查,他得出结论:在疑难案件的定罪裁判过程中,以刑定罪这一"逆向型"的定罪思维或者逻辑不仅客观存在,而且为大多数刑事法官所采纳和运用。而对于常规案件或者一般案件,法官似乎更应当确定无疑地坚持司法三段论式的正向司法推理。[①] 这不仅仅源自于贝卡利亚对司法定罪逻辑的理念,即"法官对任何案件都应进行三段论式的逻辑推理。大前提是一般法律,小前提是行为是否符合法律,结论是自由或者刑罚"[②]。更是源于《刑事诉讼法》中所明确规定"以事实为依据,以法律为准绳"的基本原则。由此看来,论者认为对于疑难或者有重大社会影响的案件,法官往往更倾向于"逆向倒推"的定罪思维。但是,需要提及的是,尽管"以刑定罪"思维在疑难或者重大社会影响的案件中体现得更为明显,但是不能把定罪思维限定在三段论与"以刑定罪"之间,这种非此即彼的二维划定略显狭隘。我们在解释构成要件时完全可以发挥法官智慧。在这个意义上,法官的"创法"行为甚至比"以刑定罪"的价值更高,原因在于司法审判是从事实出发,以解释为要旨而非反果为因。因此,我们更应该提倡发挥司法智慧和经验,这也是刑事指导性案例制度化的重要动因。

四、"以刑定罪"的合理选择

孙某铭案:2008年12月14日,饮用了大量白酒后,没有驾照的孙某

---

① 周建达:《以刑定罪——一种隐形的刑事司法裁判知识》,西南政法大学2013年博士论文,第23页。

② [意]贝卡利亚:《论犯罪与刑罚》,黄风译,中国大百科全书出版社1993年版,第12页。

铭驾车追尾一辆轿车逃逸,当逃至某路段时,孙某铭越过中心双实线迎面撞上了对面正常行驶的车辆,造成了震惊全国的孙某铭醉驾致4死1伤案。一审法院以"危险方法危害公共安全罪"判处孙某铭死刑。这也是全国第一个因醉驾而被判处死刑的案件。本案孙某铭后来提出上诉,在孙某铭亲属赔偿了受害者100多万元并取得了被害人谅解等刑事和解基础上,二审法院对孙某铭一审死刑量刑改判为无期徒刑。

　　许某案:2006年4月21日晚10时,被告人许某来到某银行的ATM取款机取款。结果取出1000元后,他惊讶地发现银行卡账户里只被扣了1元,狂喜之下,许某先后取款171笔,合计17.5万元。事后,许某携赃款潜逃。潜逃一年的许某,17.5万元赃款因投资失败而挥霍一空被警方抓获。广州市中级人民法院审理后认为,被告许某以非法侵占为目的,伙同同案人采用秘密手段,盗窃金融机构,数额特别巨大,行为已构成盗窃罪,遂判处无期徒刑,剥夺政治权利终身,并处没收个人全部财产。许某随后提出上诉,2008年3月,广州中级人民法院认定许某犯盗窃罪,判处有期徒刑5年。许某再度上诉,2008年5月,广东省高级人民法院二审驳回上诉,维持原判。

　　从孙某铭案件的事实来讲,孙的行为似乎符合交通肇事罪的犯罪构成,依照交通肇事罪关于逃逸的罪状规定来看,孙的行为在15年以下量刑没什么问题。但后来却以危害公共安全罪被重判。许某案中许某以非法占有为目的,盗窃金融机构够成盗窃罪,且盗窃数额特别巨大被判处重刑也没什么疑问。在此意义上,广州中级人民法院的一审判很难说是错判了,但后来广州中级人民法院又否定了自己的量刑结果,借助《刑法》第63条第2款的"救命稻草"把无期改为有期徒刑5年。被称为"法治标本"的该案,真正的法治意义很难说有多大,原因在于许某由无期改为5年,减轻处罚的理由非常勉强。从该罪的定罪量刑来看,无非有三个重要环节:盗窃行为、金融机构、数额巨大。盗窃行为和金融机构的规定都来自刑法条文,而数额巨大这一内容直接来源于最高人民法院的司法解释而非刑法法典。从上述内容来看,一审法院真还说不上有什么问题,但判决结果让公众难以接受,在这个时候《刑法》第63条第2款粉墨登场。从孙某铭到许某,按照传统的以罪定刑的思维,孙某铭被定为交通肇事,结合逃逸情节判处最高 15 年有期徒刑是正确的,而许某被判处无期也没什么问题。但恰恰如果严格遵循这一路径则忽视了公众认同和社会普遍正义。正如有学者对许某案评述所言:该案案情的特别以及司法者对《刑法》第 264 条法律文本规范的勉强适用造成了判决与社会公众的心理预期差距过大。最好的法律不是铭刻在铜表上,而应该刻在人们的心中,这才可能是我们所要追求的正义之法。显然,在许某案一审中,法院对许某恶意取款(盗窃金融机构)的定罪和量刑是背离了法律共同体对许某这一取款行为违法性的价值判断预期的。① 后来经过种种纠葛,两个案件的处理总算修复了被扭曲的个案正义,其中"以刑定罪"的思维模式功不可没。

案例②李某刚交通肇事案:李某刚是某县幼儿园的董事长,在经营幼儿园期间购买营运面包车一辆,购买后私自对面包车进行改装并作为幼儿园校车。某日该核载 9 人的面包车塞上了 64 名幼儿后,由聘用司机送到幼儿园,在途中与其他车辆相撞,造成连同司机在内的 21 人死亡、43人不同程度受伤的重特大交通事故。当天公安局以涉嫌重大责任事故罪对李某刚刑事拘留。但公诉机关以李某刚行为涉嫌交通肇事罪为名对其批准逮捕。最终,法院判决李某刚交通肇事罪获刑 7 年。

就罪刑关系而言,尽管人们关注的是个人的犯罪罪行,但对于多数民众甚至包括被告人自己而言,他们对罪名的关注远不如"被判了多少年"这样结论性的问题。抛开法律共同体的集体法学素养,不要期待其他普通公众对于罪刑关系的理解具备高度的逻辑性。相反,人们却总是通过对刑的判断来理解罪行的大小。因此,在本案造成 21 人死亡的特大事故中,判处李某刚 7 年有期徒刑量刑偏轻。因此,本书认为,对于学校负责人或者承包人明知校车存在安全隐患,甚至故意改装、超载运载学生,导致重大特大交通事故的行为,如果对行为人以交通肇事罪的共犯认定将

---

① 龚志军:《从法律文本规范到法正义实现的障碍——兼论许某案一审中法的背离》,载《法学杂志》2011 年第 1 期。

② 《甘肃校车事故幼儿园负责人涉嫌交通肇事罪被批捕》,《浙江在线》,http://edu.zjol.com.cn/05edu/system/2011/11/21/018012203.shtml,访问日期:2014 年 1 月17 日。

导致处罚明显偏轻，以教育设施重大安全责任事故罪定罪判罚更合理。所以，笔者认为李某刚案件的处理并不太恰当。

周某钧被控非法行医案①：周某钧自1948年第二军医大学毕业后，先后在多个医院任医师。1979年从医院退休后自办诊所行医。其后因为拆迁而申请个体诊所停业并上交了行医执照。1998年其所在街道办事处出面请周某钧为居委会开办医疗室，并购进了一些常用药品。该行为因未获得当地卫生主管部门的同意而停办。其后，周某钧退休后在自己家里为街坊看病，只收取一定药品费用（自带者免费）。2000年，王某自带青霉素到周家中，周为其做完皮试后，按照规程为王某注射自带针剂。一会儿发现王某有过敏反应就又为其注射了"副肾上腺素"针剂，并立即通知王某大女儿来到周家。后者随后拨打"120"电话。王某当即送到医院抢救，但十几分钟后死亡。鉴定结论为王某死于青霉素引起的过敏性休克。一审法院认为周某钧在没有医疗资格职业证书的前提下非法行医最终导致被害人死亡，其行为构成非法行医罪，判处其有期徒刑10年。周不服上诉，二审法院认为：周在很长一段时间有行医资格，后因为退休而丧失行医资格，其行为构成非法行医罪。但鉴于其行为都是按照操作规程来进行的，王某的死亡有其个体的特殊性，这种情况即使是有医师执业资格的医生也会遇到，因为这个职业本身的高风险就决定了（抛开医疗事故）病患的死亡的非常规性。综合考量本案情节，决定对周某钧在法定刑以下判处有期徒刑2年，缓期3年执行。该地高级人民法院也认为周某钧的行为构成非法行医罪，但其行为不是以盈利为目的，根据罪刑相适应原则，同意报请最高人民法院核准法定刑以下量刑。最高人民法院经审理认为：周某钧于1953年已经具备行医资格，经过多年的医疗经验积累，其具有一定的诊疗技术和手段。尽管其退休后不再具备执业许可证，但执业许可证只是证实一个行医者是否具备行医资格的形式要件，而实质要件还在于行医者自身的医学知识和医疗技术。因此，周的身份并不符合《刑法》第336条规定的未取得医疗资格的人。况且，周某是

---

① 参见最高人民法院刑一等庭主办：《中国刑事审判指导案例（4）》，法律出版社2010年版，第134～135页。

依据技术操作规范为死者注射针剂的。因此，死亡属意外事件，周某钧不承担刑事责任。判决宣告周某钧无罪。

本案《刑法》第 336 条的非法行医罪设立于 1997 年《刑法》。根据立法原意在于惩处一些根本不具有医学常识和技术，却打着治病旗号骗取钱财的行为。对上述这些对医学一窍不通或者一知半解的还到处行医的人，1979 年《刑法》并没有规定，司法机关在认定性质上还比较混乱。[①] 为此，1997 年《刑法》特意把这部分人纳入刑法考虑的范围并以具体法条加以类型化。但是本案的处理其实还是牵涉"以刑定罪"这种隐形的司法裁判知识，因为，如果仅仅从法条考量的角度出发，周某钧的行为确实符合非法行医罪的行为要件。《刑法》第 336 条规定：没有取得医疗资格的人非法行医，情节严重的构成非法行医罪。仅仅从法条来看，只要行为人没有医师资格行医，造成就诊人死亡或者对就诊人的身体健康造成了严重损害的，就应该构成非法行医罪。本案如果仅仅从条文含义来讲是符合的，周某钧没有医师资格证，在为王某进行青霉素输液时因王某青霉素过敏而死亡，行为完全符合非法行医罪的要件。但最高人民法院最后判定其无罪。其理由在于周以前有医师资格证，且输液行为完全符合操作规范，因此，不能认为周不是具有医师资格的人。其实这种论断还是值得商榷的，毕竟有医师资格是活生生的资格认证，不能因为以前有以后没有了就是具有医师资格啊，卫生行政主管部门之所以把资格证认定为从医的资格还是有其正当性基础，这是国家对一国从业人员的基本认可。因为这种行政认可在很大程度上就是对从业的准许，否则岂不"乱了章法"。道理很简单，如同自然资源采伐许可证是同样的道理，不能因为一时具有这个资格就等同以后也可以对其资格进行认可拟制。那么，既然最高人民法院认为其主体不符合非法行医罪的主体要件，还有一个理由就是其没有以营利为目的，且符合操作规程。这也很令人费解，非法行医罪没有以营利为目的，但最高人民法院却强加了这么一个考虑的因素作为出罪理由。在这里，笔者还是回到老话题，其实这是"以刑定罪"思维的具体

---

① 参见最高人民法院刑一等庭主办：《中国刑事审判指导案例（4）》，法律出版社 2010 年版，第 136 页。

化,即按照一般正义观点都决定不应该构成犯罪时,司法的两难表现得很明显:如果定罪还是有违内心的正义感,因为一般社会公众都觉得周老先生的行为确实是为民办事;但如果不定罪,似乎又与罪刑法定相违背。因此,最高人民法院的裁判还是从司法三段论的角度进行实行行为定型性的演绎,其中就附加了很多构成要件以外的内容——以前有医师资格且按照操作规范来进行。而且,最高人民法院的独家地位又为裁判的权威性增加了筹码(这为基层法院说服当事人有了更正当的理由,免除了王某家属的缠诉),得到并没太多法律逻辑推理背景的公众认同。这再次说明,司法裁判过程中法官根据内心正义所作的思考是裁判正当性非常重要的一个环节。综上,最高人民法院如此处理是合理的。

第四章
生成刑事指导性案例的具体内容Ⅱ：出罪

刑事指导性案例的功能不仅仅是入罪，它同时应当提供出罪的具体标准。所谓出罪基于两种原因，要么行为本身不具有可罚性，要么行为未达到可罚的程度。前者通常指导正当防卫等正当化事由，后者在我国大陆刑法中指第 13 条但书"情节显著轻微，危害不大"的情形。

第一节　对排除犯罪事由的案例解释

正当化事由，在德日刑法里又称为阻却违法事由，按照大陆法系的观点，是指行为符合构成要件但称为排除其违法性根据的事由。[①] 而在我国犯罪构成体系中很难给予正当防卫、紧急避难等正当化事由一个恰当的位置，四要件犯罪论通常是在犯罪标准之外讨论其行为性质。这里，笔者无意对正当化事由在犯罪构成体系中的关系和位置进行过多的探讨，毕竟这涉及犯罪论建构的理论命题。而是从司法需求出发，讨论如何以案例解释的方式将那些表面上符合犯罪构成而实质不符合犯罪本质的事由排除于司法犯罪圈之外。为此，下文通过即有案例重点讨论判断正当

---

① 马克昌：《比较刑法原理——外国刑法学总论》，武汉大学出版社 2006 年版，第 295 页。

防卫的标准和处置安乐死的标准。

一、甄别正当防卫具体标准的案例解释

从历年公布的案例来看,紧急避险的案例从来没有出现过。这类案件并不疑难,但很敏感,而当有先例可循的时候,可以防止很多不必要的纷争。而与此相类似的正当防卫,恰恰有很多可以探讨的地方,实践中的案例也不少。我国《刑法》第 20 条规定:为了使国家、公共利益、本人或者他人的人身、财产和其他权利免受正在进行的不法侵害,而采取的制止不法侵害的行为,对不法侵害人造成损害的,不负刑事责任。从上可以看出正当防卫的成立条件为:存在正在进行的不法侵害,为了自己或者他人利益,必须不得已且不能超过必要限度。实践中,对前两个条件理解分歧不大,而对什么叫"不得已"——即必要性和相当性就有争议。

(一)对正当防卫必要性、相当性的案例解释

叶某朝故意杀人案[①]:1997 年 1 月上旬,王某友等人在被告人叶某朝开设的饭店吃饭后未付钱。数天后,王等人路过叶的饭店时,叶向其催讨所欠饭款,王认为叶的行为有损其声誉,与同月 20 日纠结他人到该店滋事,叶持刀反抗,王等人随即逃离。次日晚,王再次纠结他人又到叶饭店滋事,并要求叶请客了事,叶不从,王即从他人手中取过东洋刀往叶的左臂及头部各砍一刀。叶随即拔出自备的尖刀还击,刺中王之后,二人互相扭打砍刺。王的同伙郑某伟见状遂拿起一张方凳砸向叶,叶转身还击一刀,刺中郑后又与王扭打。后将王压地上并夺下其东洋刀。王某友与郑某伟经送医院抢救无效死亡,被告人叶多处受轻伤。经检察院以故意杀人罪提起公诉后叶某朝被判无罪释放。

吴某艳故意伤害案[②]:2003 年 9 月 10 日凌晨 3 时许,被害人李某等三人流窜到某饭店的女工宿舍外,大喊要服务员尹某出来,理由是双方存

---

①　参见最高人民法院第一、二、三、四、五庭:《中国刑事审判指导案例》(第 3 卷),法律出版社 2009 年版,第 17～19 页。

②　参见《最高人民法院公报》2004 年第 11 期。

在个人纠纷。深夜的吵闹让尹某不予理睬。此时,三人强行进入宿舍,被害人孙某与尹某产生争执,前者开始殴打后者。见此情形,同宿舍的吴某艳开始劝解,但孙某不听反而又殴打吴某艳,吴某艳开始与其撕扯,在拉扯过程中,吴的上衣纽扣被拉掉同时孙某的左上臂也被吴某艳用水果刀扎伤。李某遂抓起铁挂锁意欲砸向吴,后者见状又持刀刺向李某,并炸伤其左胸,最终李某失血性休克死亡。吴某艳遂被抓获,公诉机关指控吴某艳因琐事故意伤害他人健康,并导致他人最终死亡,行为构成故意伤害罪。

正当防卫之所以不被非难的理由在于:"保护公民生活在一个安全的社会环境中,是国家的义务,也是用公民的税金维持一支往往是庞大的治安警察队伍的合理根据。国家的这一责任与义务不应通过对于正当防卫的道义化评价转嫁到每个公民自己的身上。"[1]从学理上来看:不得已包含防卫行为的必要性和相当性。所谓必要性,是指实际上所使用的防卫行为,是所能考虑的数个防卫手段中最为轻微的行为。德国最高法院通过刑事判决说明,必要性应当根据侵害与防卫的整体情况,尤其应当根据侵害的强度、侵害人的危险性、其行为的危险性、所使用的手段来判断。也就是说,被侵害人可不限于只能进行纯粹防卫,只要是为实施防卫行为所必要的,也可以进行反击性防卫,但通常不涉及对财产价值的判断。[2]

防卫的相当性,是指防卫行为所侵害的和所保护的利益之间要相对均衡,当后者利益大于前者利益的情况下,当然能够认可,只要两种利益不是明显的不均衡,即使后者利益稍小于前者利益,也能肯定其相当性。[3]而《刑法》第20条第3款特殊防卫权也符合这一精神,即行凶、杀人、抢劫、强奸以及绑架等严重危及人身安全的刑事犯罪,采取防卫行为,造成不法侵害人伤亡的,不负刑事责任。就是考虑到这些严重危及人身安全的刑事犯罪,即使造成侵害人伤亡的,其防卫的利益和侵害利益是大体相当的。从刑法理论上来讲,正当防卫与紧急避险无疑都是建立在优

---

① 李海东:《刑法原理入门》,法律出版社1998年版,第80页。
② 蒋啸:《判例法研究》,中国政法大学2004年博士论文,第85页。
③ 黎宏:《日本刑法精义》,法律出版社2008年第2版,第163页。

越的法益理论基石之上的。在正当防卫中，与实施了犯罪行为的加害人的人身权相比较，正当防卫人的人身权是一种优越的法益，而在紧急避险行为里，紧急避险人的人身权或者财产权一般也是属于高于受害人方的优越的法益。当然，这要求实施行为之人的正当防卫或紧急避险不过当。[①] 而对无限防卫权来说，当面临行凶等严重危及人身安全刑事犯罪时，在正常的社会秩序下按照绝大多数人对公正的理解，正当防卫人的人身权是高于侵害方的，因此即使造成对方伤亡也是具有相当性的行为而获得正当性。如洛克辛教授的案例——枪砸案[②]：在一次紧急求助行动中，被告人非蓄意的开枪打中了攻击者，造成其重伤，陪审法庭认定其成立过失伤害，联邦最高法院判定其成立正当防卫。具体案情是被告人于夜色中看见他的老板被几个人围着，两个人狠狠地按住老板，第三个人在打后者。当他去救援时遭到辱骂。于是他掏出手枪但手指并未扣在子扳机上，此举目的系用枪抵抗对方的攻击，当他用枪把砸攻击者的肩膀使其放掉老板时，第二次打击时枪响了，击中攻击者的肩膀，但未死亡。洛克新教授认为，当正当化行为中，类型性地伴随这种危险。例如，若利用实弹手枪做砸击武器在具体情况下能加以正当化，那么，一旦选定了这种防卫方式，手枪走火的危险便自始存在，同样也要加以正当化。又如，如若根据事实情形，有必要拳击对方脸部以进行防卫那么由此附带的过失打落几颗牙齿，也应当正当化。[③]

　　法院对吴某艳案经审理后认为：本案发生背景是李某等人与吴的同事有过节，李某等人在事发前曾经预谋将后者的同事带走并关押。其后几人深夜欲强行进入女工寝室。在遭到拒绝后就破门而入意图实现自己事前的预谋。吴某艳在与孙某厮打中本已经处于劣势，当面临李某更加强大的铁挂锁砸击危险时，为避免遭受更大的不幸而不得已持刀刺向李

---

　　① 张爱艳：《非犯罪化与安乐死——以违法性阻却事由和期待可能性理论为视角》，载《政法论丛》2005 年第 2 期。

　　② ［德］克劳斯·罗克辛：《德国最高法院判例　刑法总论》，何庆仁等译，中国人民大学出版社 2012 年版，第 50 页。

　　③ ［德］克劳斯·罗克辛：《德国最高法院判例　刑法总论》，何庆仁等译，中国人民大学出版社 2012 年版，第 51 页。

某,其目的显然是自我保护。因此,从吴某艳所处境遇以及其自我保护的目的来看,吴某艳的行为是正当防卫。鉴于李某等人的暴力行为属于严重危及人身安全的侵害,吴某艳虽然持刀刺向李某并导致其死亡,但也在《刑法》第 20 条第 3 款所规定的"无限防卫权"的法律许可空间中,依法不负刑事责任。① 据此,根据防卫的相当性,吴某艳深夜面临重大人身攻击时,持水果刀刺向李某并致其死亡的行为是正当防卫,且享有无限防卫权。

就叶某朝案件而言,一审裁判后,检察机关提出抗诉,其控诉理由在于:一审判决定性不准,适用法律不当。被告人又斗殴的故意,有斗殴的准备,持放任态度,造成严重的后果,明显超过必要的限度,不应当属于正当防卫,应当定故意杀人罪。② 但是,本案的防卫起因和防卫工具都具有特殊性,表现在叶在被害人再次纠结他人来店中纠缠并提出无理要求得到拒绝后,随即被被害人持刀砍杀,这种情况下,叶有三种选择:一是逃走;二是赤手迎战;三是用所携带的刀迎战。由于这种场合下叶逃走是不大可能的,赤手迎战也无法保全自己,第三种方案也许符合"必要性"的要求。需要提及的是关于无过当防卫中所说的"严重危及人身安全的暴力犯罪",并非指已经造成严重危害人身安全的后果,而是针对其不法侵害的性质。因此,叶的行为属于正当防卫,尽管造成被害人死亡,但防卫行为所保护的利益和侵害利益大致相当。

(二)对假想防卫人认识能力的案例解释

有些行为客观上导致他人身体、生命受到侵害,但体现在行为人自身生命、财产受到威胁的前提下是否可以纳入正当防卫事件来处理需要综合考量很多因素。貌似正当防卫但实质不是的案件有很多,但对假想防卫这一特殊类型尤其值得探讨,毕竟假想防卫与正当防卫的唯一区别就在于假想防卫人认识能力问题。首先,假想防卫不可能是故意犯罪,

---

① 参见《最高人民法院公报》2004 年第 11 期。
② 参见王幼璋主编:《刑事判案评述》,人民法院出版社 2002 年版,第 16～21 页。

Roxin 教授通过"起重器案"[①]对假想防卫行为人主观心理分析得很清楚：1985 年 7 月某日午夜刚过，由于以为有人行窃，被告人提着实弹小口径步枪到他自己的公司。在那里拦着了有多次盗窃前科的 H，H 见状随即拔腿就跑。尽管被告人高喊站住否则开枪了，但 H 还是继续逃走，被告人从 7 米远的地方开枪，子弹打中了 H 致其身亡。后来在 H 身上发现了汽车起重器，起重器的铁杠杆则在一侧。被告人事后说，逃跑者快跑出 7 米左右时，回头并将手臂举得很高，手里拿着筒状物。他以为 H 要从高处对其实施攻击，于是端起枪朝其右臀开枪，意图自卫并逮捕对方。州法院认为被告故意杀人并判处 1 年 6 个月的有期徒刑，被告人提出上诉判决撤销。Roxin 教授认为被告人以为存在攻击，但是否攻击已经达到只有枪击其头部的地步。本案中，被告人针对其行为必要性的认识错误，应该是构成要件的错误，而非禁止错误，如被告人错认了行为的必要性，那么应当考虑符合过失致人死亡的要件，而非判处故意杀人罪。[②] 从 Roxin 教授的观点中我们可以读出假想防卫的主观要件——行为人对后果持过失心理，这意味着假想防卫不可能是故意犯罪。而既然不是故意犯罪，行为是否构成假想防卫对行为人认识能力的考虑就是重点。而以下两个案例从正反两个方面论证行为人认识能力对行为定性的影响。

　　陈某过失伤害案[③]：被告人陈某从浙江到广东经营眼镜生意。1992 年 3 月 26 日上午，陈某携带万余元现金和旅行袋，前往车站乘车。途经某地时遇便衣民警谢某与阮某，二人见其行迹匆匆变上前拉住陈某口袋进行检查，陈某不允。纠缠中，阮某将工作证在陈某面前晃了一下，但陈某仍拒绝检查，二人便将陈某拉到城西管理区进行检查，陈某依旧不许检查，二人遂对其进行殴打，并将其双手铐上，待搜查旅行袋里的东西后又要检查陈某下身，陈某以为二人要抢他藏在小腹部的万余元，遂抓起放在桌上的小刀乱刺，造成谢某重伤，阮某轻微伤。后陈某以过失重伤罪判处

---

　　①　［德］克劳斯·罗克辛：《德国最高法院判例　刑法总论》，何庆仁等译，中国人民大学出版社 2012 年版，第 38 页。

　　②　参见［德］克劳斯·罗克辛：《德国最高法院判例　刑法总论》，何庆仁等译，中国人民大学出版社 2012 年版，第 38～39 页。

　　③　蒋啸：《判例法研究》，中国政法大学 2004 年博士学位论文，第 94 页。

拘役 4 个月。

王某过失致人死亡案[①]:1999 年 4 月 16 日晚,在被告人王某一家三口都已经入睡的情况下,王某突然听见屋外有人在呼喊他们夫妇的名字。王某遂走到客厅,这时发现一只手已经从撕掉一角的窗户外伸进来,准备开门闩。见此情况,王某立即在那只手上砸了一下,屋外之人急忙抽手离开。王某随即追出屋外,但此时此人身影已经消失。惊吓之余,王某回到屋里拿上一把尖刀并告知其妻此事。随后二人锁上房门去村支书家告知此事后,又到村委会向派出所报警。报警后回到家门口时发现窗口又出现人影,而人影系本村熟人。王某见状以为是刚才的人影,而两人又往自己走过来,顿时非常紧张且气愤,遂上前用手中的尖刀刺向走在前面的那个人的胸部,致该人失血性休克当场死亡。另外一人见状连忙抱住王,并说出自己的姓名,王某闻声方知出错。事后查明,当晚二人是去王某家串门的。某中级人民法院判决如下:被告人王某犯过失致人死亡罪,判处有期徒刑 7 年。

在王某案中,公诉机关以故意杀人罪提起公诉,但法院的观点却不同,认为王某属于事实认识错误而导致的假想防卫,对危害后果持过失态度,应当构成过失致人死亡罪。[②] 本案在处理上明显能看出公诉机关和审判机关的差异。检察机关以故意伤害罪对被告人王某起诉,而一审法院认为:王某的行为"属于在对事实认识错误的情况下实施的假想防卫,其行为具有一定的社会危害性。因此,应对其假想防卫所造成的危害结果依法承担过失犯罪的刑事责任,其行为已构成过失致人死亡罪"。因此,法院认定被告人王某的行为构成过失致人死亡罪。宣判以后,公诉机

---

① 最高人民法院主编:《刑事审判参考》(第 20 辑),法律出版社 2001 年版,第 9～13 页。

② 法院认为:王某的行为属于对事实认识错误的情况下实施的假想防卫,其行为具有一定的社会危害性。因此,应对其假想防卫所造成的危害结果依法承担过失犯罪的刑事责任,其行为已构成过失致人死亡罪。本案涉及假想防卫的认定及处理问题。在刑法理论上,假想防卫是指基于主观上的认识错误,实际上并不存在不法侵害却误认为存在,因而对臆想中的不法侵害实行了所谓正当防卫,造成他人无辜损害的情形。参见陈兴良:《正当防卫:指导性案例及评析》,载《东方法学》2012 年第 2 期,第 6 页。

关以"被告人的行为是故意伤害犯罪，原判定罪量刑不当"为由，提出了抗诉。但二审法院维持了一审判决。本案检察机关与法院的不一致在于对行为人王某主观心理的认知不同。而对故意过失这种主观要件而言，各种言论林林总总，笔者无意对此一一评判，仅仅从我国刑法条文入手进行分析。所谓故意犯罪，我国《刑法》第 14 条第 1 款规定：明知自己的行为会发生危害社会的结果，并且希望或者放任这种结果的发生，因而构成犯罪的，是故意犯罪。与此相对的，过失就是不明知或者知道得不清晰明确，但这种明知又是以应当明知，但对结果不希望。[①] 回到王某案，王某错将邻居当成了盗贼并将其伤害，其行为很难说是故意，因为当另外一人抱住他说自己是何某时，王某顿时停止了暴力，这说明王某确实把被害人当作了侵害方，检察院却认定为故意伤害行为，实属不妥。

　　但在陈某过失重伤案中，法院认为陈某对行为会造成他人重伤的结果有过失，其论证过程非常勉强。因为陈某的行为更加符合正当防卫而非假想防卫的情形。在刑法理论上，一般认为，对于假想防卫应当按照对事实认识错误的原理解决其刑事责任问题，具体可以归纳为以下三个原则："其一，假想防卫不可能构成故意犯罪。其二，在假想防卫的情况下，如果行为人主观上存在过失，应以过失犯罪论处。其三，在假想防卫的情况下，如果行为人主观上没有罪过，其危害行为是由不能预见的原因引起的，那就是意外事件，行为人不负刑事责任。"[②]在行为表现上，"假想防卫的行为人，在主观上是为了保护自己的合法权益免遭侵害，其行为在客观上造成的危害是由于认识错误所致"[③]。但在本案中，陈某面对便衣警察时，后者只是把工作证晃了一下，陈某根本无法对其身份进行确认。而且被害人其后将陈某带到某处进行了殴打，陈某在内心更加确认对其进行人身攻击的人不是警察，加之陈某身带巨款加重了其对遭到抢劫的误认。于是他抓起小刀刺向对方的行为应当看作是保护自己。本案之所以被追诉很大程度上是对真警察造成了人身伤害。但是，正当防卫是为了使国

---

　① 文海林：《犯罪论的基本体系》，中国政法大学出版社 2011 年版，第 135 页。

　② 陈兴良：《正当防卫论》，中国人民大学出版社 2006 年版，第 150～152 页。

　③ 陈兴良：《正当防卫：指导性案例及评析》，载《东方法学》2012 年第 2 期。

家、公共利益、本人或者他人的人身、财产和其他权利免受正在进行的不法侵害,而采取的制止不法侵害的行为,对不法侵害人造成损害的,不负刑事责任。本案陈某为了保护个人财产在被殴打的情况下刺伤他人,是否成立正当防卫的关键在于便衣警察的行为是不是"不法侵害"? 需要提及的是,警察执法必须严格按照法定情形进行,不能简单认为只要是法定机构人员执行公务都是合法行为。现实中警察刑讯逼供、政府人员违法拆迁等违法情形不在少数,这些当然很难说是合法的。而且,纵观被害人的表现与其说是警察执法倒不如说更像街头混混收保护费。本案中,陈某确实把警察当作了意图劫财的不法分子,认识错误进行了貌似的假想防卫。但客观上,本案被害人的行为本来已经是不法侵害,只不过借助警察执法的名义加以正当化。而实质上却是不管是否为警察执法,在其对陈某进行殴打,并将其双手铐上并搜查陈某财物时,对其不法侵害足以正当防卫。在此,笔者想再重申一下,本案之所以被追诉很大程度上在于警察执法被刺伤,也许法院也面临公安机关要保护自己人的示威,这在我们几千年官本位文化侵淫下公权力机关的优势地位发挥得很明显。然而,正当防卫设立的直接原因就是公民面对人身、财产侵害时公权力的滞后性而附带产生的自力救助。本案折射出的问题是公权力一旦成为侵害时刑法就具有摇摆的特征,不法侵害的认定变成双重标准。如果是普通民众侵害他人正当防卫天经地义,但如果侵害人变成警察等公职人员,就要详细论证并尽量入罪。综上,本案陈某以过失伤害罪论处并不能取得认同。

二、因"安乐死"出罪的案例指导[①]

安乐死是指对施救无望而又忍受病痛煎熬的病人施予的提前结束生命的做法。我国刑法目前没有安乐死出罪的规定,而在现实生活中,病人及亲属选择实施安乐死的案例已经有所出现,最高人民法院由此颁行了

---

① 在下文提及的案例中,只有王某成案是最高人民法院公报刊登的出罪的案例。其他案例来自网络或其他公共媒体的报道。

相应的指导性案例。但即使如此，由于我国刑法文本和司法解释对此类案件如何处理语焉不详，实践中做法各异，法院对于这种有意提前结束他人生命的做法大多持保守立场，即仍然定性故意杀人罪，这表明进一步细化具体认定标准包括加强案例指导，极具必要性。

最早让公众知晓的安乐死案件莫过于"王某成杀母案"，国外关于安乐死出罪的案件也时有报道，美国"特丽·夏沃案"就是一个典型：1990年2月，特丽·夏沃因严重缺钾导致心脏骤停，最后陷入了只能依靠人工食管维持生命的植物人状态。4年后，她的丈夫请求对其安乐死——不再使用人工食管，11年后也就是2005年，佛罗里达法院最终批准她丈夫的请求，结束了特丽·夏沃长达15年植物人生涯。而在这一过程中，曾有整整两个星期，美国所有媒体日日夜夜跟踪着特丽·夏沃的命运。美国朝野分成两个阵营：一是特丽父母的阵营，主张让特丽在人工营养管的作用下继续活下去；另一个是特丽丈夫的阵营，主张撤掉特丽的营养管，让其慢慢死去。[①] 由此可见，安乐死应否合法化并非一个国家独有的问题，它所涉及的也并非刑法领域就能解决的事情。归根结底，"安乐死是一个哲学问题，毕竟生死事大，而生死问题归根结底就是哲学问题"[②]。既然是哲学问题，作为下游学科法律也必须对其加以考虑，而且这也是必须考虑的，当然刑法更无法置身事外。因为现实中这种事件并不少。

案例一[③]：王某成、蒲某升案件。王某成在其母夏某文病危难愈的情况下，再三要求主治医生蒲某生为其母注射药物，让其无痛苦的死去。而后者同其他医生先后向重危病人注射促进死亡的药物，最终导致夏某文死亡。汉中市人民法院以王某成、蒲某生行为情节显著轻微、危害不大，不构成犯罪，判决二人无罪。本案法院以行为显著轻微、危害不大的但书将王某成的行为出罪。

---

① 参见林达：《特丽·夏沃之死：不仅是安乐死》，载《南方都市报》，http://news.sina.com.cn/c/2005-04-18/10476418314.shtml，访问日期：2013年7月6日。

② 尹秀云：《文化冲突与价值碰撞：安乐死问题根源探究》，载《医学与哲学》（人文社会医学版）2010年第4期。

③ 最高人民法院中国应用法学研究所：《人民法院案例选》，人民法院出版社1993年版，第7～10页。

以下案例为反面案例,摘自网络。(1)文某章故意杀人案:2009年元宵节晚上,女子胡某忽然昏迷进而被送往医院ICU病房重症监护后,一直靠呼吸机维持生命,医院一度发出病危通知。事发一周后,其夫文某章强行拔去胡某的氧气管,致其身亡。其后,文某章以故意杀人罪被提起公诉。某中级人民法院以故意杀人罪判处被告人文某章有期徒刑3年,缓刑3年。(2)梁某山故意杀人案:67岁梁某山92岁的母亲摔伤后患脑溢血深度昏迷与植物人无异。其后,梁某山用触电方式将母亲致死后自首。法院判决认定梁某山构成故意杀人罪,判处其有期徒刑5年。(3)李某红故意杀人案:李某红的女儿患重度脑瘫,在长达20年时间里花费巨大经多方求治无果。2007年,李某红先给女儿服用大量安定类药物沉睡后捂住其面部致女儿机械性窒息死亡。法院判决李某红犯故意杀人罪,判处有期徒刑3年,缓刑5年。(4)韩某凤故意杀人案:东莞38岁妇女韩某凤艰难抚养脑瘫双胞胎儿子13年,孩子逐渐出现肌肉萎缩,这是夭折的前兆症状,在绝望之中韩亲手溺死了两个孩子,随后自杀未遂。此案还在进一步审理之中。(5)武某英故意杀人案:2013年2月,河南46岁的吴某英在照顾脑瘫双胞胎儿子19年后,将半瓶农药递给他们,两兄弟服毒后身亡。对此,武某英所在村落集体保持沉默,直到案发10月后常在儿子坟头哭泣的武某英向当地警方自首,后尽管3000村民联名求情,但武某英依旧被刑拘。此案结果还没有定论。

笔者作为女性,看到这些案件总是心生不忍,因为无论被害人还是被告均是关系都很亲密,范围无非父母子女夫妻这种极具人伦亲情的关系,当这些母亲要手刃亲子的时候想必心比谁都痛,而儿子要让母亲离去的心情很难简单地以悲痛加以描述。但这些安乐死案件,在有结论的案件中仅仅只有王某成以行为显著轻微不构成犯罪而出罪,其余案件都以故意杀人罪定罪,只是在量刑上体现出了差异。尽管世界各国对安乐死的争议不断。但这里本书对安乐死的是是非非有个比较清晰的定位,就是应该有条件地支持这类人道主义行为。正如台湾学者甘天贵所言:"安乐死之思想,实来自人类同情、慈悲或怜悯等人道主义惟安乐死之本质,仍属杀人行为,自与生命神圣之原理相抵触。因此,保护生命之要求与以缓和痛苦为内容之人道主义的要求，自然而然即呈现冲突或对立之状态。"①但仅仅从道义或者人道主义的角度来推断安乐死的刑法合理性确有不妥，毕竟道义范畴始终属于道德涵摄的范围。如何寻找规范内的存在依据本书的思考重点，即刑法如何在现有规则范围内认定安乐死行为的无罪化。

褚槐植教授认为："在犯罪圈的划定上，将什么样的行为作为犯罪来处理，就是如何设定犯罪圈——刑事法网，而刑事法网伸展到何处，即犯罪圈（打击面）划到多大，以及刑事法网的疏密程度怎么样，即从不轨行为中筛选出何种行为进入犯罪圈。"②而为了避免犯罪圈的过度划定，谦抑原则受到重视，正所谓"最好的社会政策就是最好的刑事政策（李斯特语）"一样，刑罚是犯罪的后果，刑法是处罚犯罪的依据，但是刑罚并非抑制犯罪的仅存手段，而不可能将所有违法行为都纳入刑法评价，而应当不得已才使用刑罚的场合作为其对象。③ 那么，根据刑法的谦抑原则，犯罪圈的划定是一体两面的。一方面是犯罪化处置，即将某些行为进行刑法评价，成为刑罚处罚的对象。当然，这需要刑事立法和司法解释发挥作用，因为后二者是处罚依据。相反，另一方面就是非犯罪化，将本来应该构成犯罪的行为剔除出犯罪圈，不纳入刑法的评价范围（同理，这也需要立法和司法解释的参与）。④ 据此，非犯罪化的依据，就是宽容性、迫不得已性、有限性。⑤ 因此，刑法的发动既然是不得已的，那么根据宽容性和有限性原则，安乐死案件没有必要纳入犯罪圈，因为如果实施的"安乐死"行为人一旦贴上犯罪人的标签，并非能得到好的效果：姑且不论行为人就此在社会上处于"污名化"地位，个人的社会化进程受到重重障碍，最重要

---

① 张永红：《我国刑法第 13 条但书分析》，北京大学 2003 年博士论文，第 46～47 页。

② 储槐植：《刑事一体化》，法律出版社 2004 年版，第 259 页。

③ ［日］大谷实：《刑法讲义总论》（新版第 2 版），黎宏译，中国人民大学出版社 2008 年版，第 8 页。

④ 参见许福生：《刑事政策学》，中国法制出版社 2005 年版，第 70～76 页。

⑤ 参见王明星：《刑法谦抑精神研究》，中国人民公安大学出版社 2006 年版，第 61～101 页。

的是,公众对法治产生混沌化理解,因为刑事法网不可能惩处所有的犯罪,有些案件因为种种原因而逍遥法外,但"安乐死"案件这种非常态的行为却被处罚。民众就此认为法律是不分"青红皂白"的,从而树立对法律的反感。因此根据标签理论,非犯罪化应该是一个好的选择。①

回到案例中来看,依据当时的刑法(现行刑法同样如此),就上述几个案件而言,任何法官不可能忽视几人的行为已经构成故意杀人罪的问题。但矛盾就在于,得出这样的判决结论是和法官作为社会一员的常识、直觉和理智相冲突与背离的。因此,法官很难简单地以忠实于法律规定为借口而简单根据三段论逻辑径下判决。换言之,安乐死案件出罪于情理上是合理的,但如何在刑法上进行评价则是非不断。王某成案从案发到判决下达历时5年,想来其间的纠葛不在少数。中国是讲究迂回的国度,中国法官当然也不例外。当他们运用《刑法》第10条(1979年刑法)但书对王某成、蒲某升行为作出无罪阐释时,他们显然已经尽力调和法律与常识常情的冲突。在这里最高人民法院以指导性案例的形式下发此案例,我们也可悄然看到尽管刑法文本没有对安乐死支持或反对进行明确的阐释,但指导性案例已经默然地对该问题有了结论。然而,本案虽然以但书出罪了,但人们对"判决是如何得出的"争议不大,有争议的是"判决为什么要这么处理"。也就是说,本案以但书出罪是否合适。道理很简单,王某成、蒲某升案件已经成为刑事指导性案例,对司法者在面临同样或者类似案件时确实能起到指导性作用。当面临同样问题时,法官以该指导性案例作为处罚参照似乎无可厚非。但是,我们不难发现,刑事指导性案例制度是作为一种制度性技术而存在的,而作为一种制度性技术的指导性案例,其存在的正当性和合理性在很大程度上须依赖于其所具备的功能。换言之,刑事指导性案例确实能够挖掘和提升法官的能动性,让其逐步摆脱立法的傀儡地位。并以其司法智慧和经验对处理同类案件起到良好的参照作用。

但是,本案法官所采纳的策略和救济方法整体而言缺乏合理性。而

---

① 参见吴宗宪:《西方犯罪学》,法律出版社2006年版,第398～402页。转引自王瑞:《刑法视野中的安乐死问题》,吉林大学2012年博士论文,第90页。

由于其合理性的欠缺而成为指导性案例,那么指导性案例所发挥的维护和保障"罪刑法定"原则基本实现以及克服"罪刑法定"僵硬性的功能会丧失殆尽。通常来说,司法部门总是比立法部门更贴近社会现实,良好的立法有赖于从司法实践中回应过来的真切的信息和经验,从而为法律的修订或演进奠定坚实的基础,得以防止人为地、脱离现实地进行制度构建。① 换言之,王某成案件的处理结果我们是认同的,但其中的论证过程和依据则值得思考,因为指导性案例毕竟要为司法实践提供切实的裁判参考。下面笔者就对安乐死出罪理由进行论证,以求再发生类似惨剧时刑法不再是冷冰冰的,让情理和法理更加妥洽。

　　具体而言,对于王某成案这种形式上符合故意杀人罪的犯罪构成要件直接以但书宣告无罪,尽管结论是合理的,但论证思路却不太清晰。有学者认为"该案看似司法超越立法出罪,其实这种超越与西方法律体制和判例法传统有关,具有违宪或人权问题审查权的最高法院或终审法院才能超越,形成的判例实际具有立法功能,故本质上不是司法超越。即便如此,超越也十分慎重,连英国最高法院地位的上议院也没有轻举妄动。西方国家争取安乐死合法化运动本身已表明法官不能通过出罪的办法绕开现有刑法犯罪圈。西方法官们对于情有可原的安乐死,至多减轻杀人的罪责而未敢认定无罪"②。如荷兰,对安乐死的处理,法官强调刑法是具有补充性的,刑法适用的原则是便宜原则,因此对安乐死案件进行个别化的事实上的非犯罪化处理。由此可见,安乐死应该属于刑法但书所规制的范畴亦或是超法规阻却事由是值得商榷的问题。因为,行为符合犯罪构成是确定行为人罪责的唯一根据,既然行为已经成立犯罪,又何来根据但书宣告无罪呢?

　　"安乐死"案件之所以不作为犯罪是行为符合犯罪构成的全部要件但缺乏刑事可罚性,为什么不具有刑事可罚性呢?刑罚的正当性有两种观点,一是在于对已然之罪的报应,二是预防未然之罪。前者基于报应论后

---

　　①　劳东燕:《论犯罪构成的功能诉求——对刑事领域冲突解决机制的再思考》,载《金陵法律评论》2001年秋季卷,第55页。

　　②　夏勇:《定罪与犯罪构成》,中国人民公安大学出版社2009年版,第371~372页。

者立于功利论。其实刑罚的正当化依据主要是确立公众对刑法的忠诚。[①] 但是,忠诚并非依靠刑罚的暴力手段加以建立和维系,而是建立在国民对法律信仰的基础上;进一步,国民之所以要信仰法律是因为刑法本身的合理而且刑法能保护国民的共同价值观、生命和财产安全。[②] 因此,很有必要从刑法理论出发,正确厘清安乐死在刑法学中的地位。

对于安乐死案件的刑法学定位问题,学界著书立说的不在少数。有学者认为:用被害人承诺理论解释安乐死是一种途径,并进而认为法律应该允许特定情况下个人对自己生命的放弃,而这种自我决定的权利就属于被害人承诺。[③] 也有主张采取法益衡量的原则来考虑安乐死案件,因为法益衡量原则主张优越的利益优先,而当安乐死表面上看是侵害了人的生命权,但实际上缓解了死亡的痛苦以及生命的尊严,两相比较,后者保护的法益优于侵害法益,因此,安乐死案件不违法。[④] 上述两种观点都有其合理性,但是被害人承诺说明安乐死。即个人获得对生命的处分权,但是生命价值论理论基础并不坚实;换言之,把生命纳入个人可以自由处分的法益范围内并非刑法共识,那么由于基础不扎实很难形成坚实的理论成果。法益衡量原则是建立在违法阻却性问题研究的基础上;而违法阻却事由是三阶层理论的内容之一,在我国传统的四要件犯罪构成体系中无法容身,并且还容易干扰法官的正常思考,导致司法实践的混乱。有学者根据安乐死的不同类型而加以划分,包括不积极治疗或者称消极死亡的(如特丽·夏洛案)、病患积极要求死亡(李某故意杀人案)、他人直接导致死亡(如李某红故意杀人案)等三类,对不积极治疗的不符合构成要件的规定,对积极要求死亡的属于被害人承诺否定违法性的出罪事由,而

① 参见陈兴良、周光权:《超越报应主义与功利主义:忠诚理论——对刑法正当根据的追问》,载《北大法律评论》1998 年第 1 期。转引自王琪:《刑法视野中的安乐死问题》,吉林大学 2012 年博士论文,第 91 页。

② 王瑀:《刑法视野中的安乐死问题》,吉林大学 2012 年博士论文,第 91 页。

③ 黄京平、杜强:《被害人承诺要件的比较分析》,载《河南政法管理干部学院学报》2003 年第 2 期。

④ 陈庆安:《超法规排除犯罪性事由研究》,上海社会科学院出版社 2010 年版,第137 页。

直接导致他人死亡的则借鉴期待可能性理论否定其有责性。① 但无疑，上述方法尽管对安乐死的发生事实进行了细分，并运用不同理论加以阐述。从表现形式上看，似乎就此完成了对其出罪的界分，但是也要看到三种方式各自建立在不同的构成要件体系下，在我国大陆的四要件体系能否适用还值得探讨。由此，笔者认为完全有必要从实质正义的角度对刑法规定的犯罪行为进行实质解释，从而将缺乏刑事可罚性的行为解释为不符合刑法分则具体犯罪构成的行为，进而将行为剔除出犯罪圈。哈耶克也认为："司法判决震惊公众舆论并与一般性预期相背离的大多数情势，都是因为法官认为他不得不墨守成文法的条文且不敢背离（以法律的明确陈述作为前提的）三段论的结果所致。"② 因此，我们大可不必非要十分生硬的套用构成要件，而是对安乐死行为进行实质解释。

面对安乐死案件，可以从以下几点进行分析：第一，对于身患绝症而濒临死亡者而言，其受刑法所保护的生命法益已逐渐丧失。第二，从目的上分析，面对濒亡者的痛苦，安乐死是为了解除其身心煎熬之苦，具有目的上的正当性。第三，病患承诺阻却行为违法性。第四，医生实施安乐死并不违反作为义务。③ 当面临安乐死案件时，法官应当根据对社会普通人面临同样情势时所共有的常情与常理进行经验判断，如果认为其面对无可救药而又极端痛苦的绝症患者而无法无动于衷时，则可以认为其行为不具有非难性，从而实现对安乐死的事实上的非犯罪化处理。回到规范的角度，安乐死与故意杀人罪有差异，也并不符合故意杀人罪的犯罪构成。刑法解释的基本原则只包括合法性、合理性和合目的性三项原则。④以我国的四要件分析：就行为主观方面而言，故意杀人罪是非法剥夺他人的生命的故意，而"安乐死"行为的实施者对现有医学水平进行综合判定的基础上，得出患者疾病是难以治愈的，为了帮助减少疾病的折磨，缓解

---

① 何庆仁：《论安乐死出罪的刑法路径》，载《山西高等学校社会科学学报》2008 年第 8 期。

② 袁林：《人本主义刑法解释范式》，西南政法大学 2010 年博士论文，第 158 页。

③ 王瑞：《生命权与安乐死出罪化》，载《河南师范大学学报（哲学社会科学版）》2012 年第 2 期。

④ 齐文远、周详：《论刑法解释的基本原则》，载《中国法学》2004 年第 2 期。

死亡过程中的痛苦。那种打着生命权神圣不可侵犯的旗号,放任绝症患者痛苦地死去,相反是对生命神圣权的歪曲。因为对患有不治之症的病人实施"安乐死",不是侵害他人生命权利,相反是对生命的关怀和临终尊严的充分体恤。因此安乐死尽管是促使他人死去但不具有刑法上的杀人故意。尽管从客观方面来看,"安乐死"剥夺了他人生命,而"故意杀人罪"也表现为实施了非法剥夺他人生命的行为。但是"安乐死"实质上是正常医疗行为的一部分。因此,对于安乐死案件的处理,不能通过《刑法》第13条的但书,而是可以直接以行为不符合故意杀人罪构成要件而出罪。

尤其需要提及的是,王某成案例已经昭示了最高人民法院有条件认可"安乐死"案件合法化的态度和倾向,但实践中大多数法院的处理依旧以入罪为结论。可见,就此类案件而言,仅仅依靠一个指导性案例影响力太薄弱,这进一步说明指导性案例制度化的过程中,指导性案例的效力并非来源于行政权威而更多的是裁判说理的正当性以及案例数量的积累,只有通过公布相当数量和质量的案例,指导性案例中体现出来的裁判规则才能深入人心。

第二节　对判断可罚性程度的案例指导

一、"但书"与可罚性程度

刑法中的"但书"是指《刑法》第13条中在对犯罪的一般概念进行提纲挈领性地概括后,规定"情节显著轻微危害不大的,不认为是犯罪"。因此,就"但书"而言,是犯罪概念之中的定量因素,即将仅仅是定性原则的一般犯罪概念加以定量化。鸟瞰我国《刑法》分则规定的具体犯罪,可以粗略分为三类:第一类是没有直接规定定量因素,如杀人罪、抢劫罪、放火等危害国家安全的犯罪等等,这类行为本身的性质已经反映了社会危害的程度;第二类是直接规定了数量限制,包括盗窃罪、诈骗罪和抢夺罪等;

第三类是法律条文写明"情节严重""情节恶劣"或"造成严重后果的"才受刑罚制裁的犯罪,这一类犯罪实质上多少是内含数量限制的罪。如果把第二类直接规定数量限制的罪与第三类内含数量限制的罪相加,约占我国刑法条款数的三分之二以上。[①] 这种犯罪概念上的既定性又定量的模式应该说是我国独有的刑事立法模式。而联系到"但书",从上述分类的第二类和第三类的显性或者隐形规定来看,"但书"似乎只能运用到这两部分,即对有数额限制和对定量有宣誓性规定的第三类犯罪。由此,我们不得不论证第一类中没有直接规定定量因素的犯罪中,仍旧依据但书出罪的案例。如上文所述"安乐死"案件,法院直接以行为符合犯罪构成但情节显著轻微而出罪是有问题的。有学者认为,在司法实践中,的确需要考虑犯罪概念中但书的一般规定,运用刑法分则具体的犯罪构成即可完成认定犯罪的任务,而对于分则条文中没有量规定的因素的犯罪,也应当结合总则犯罪概念中但书的一般规定对犯罪构成进行实质解释再对行为进行考察,而不是先从形式上认定行为符合犯罪构成,再简单运用犯罪概念将其排除出犯罪圈。[②] 就此而言,对上述第二、三类犯罪的认定,借助刑法"但书"可以明确划定犯罪圈,而对第一类而言,直接适用"但书"并不合适。

回到犯罪的一般概念,从文字上来看,《刑法》第 13 条"但书"所规制的对象似乎仅仅是情节显著轻微的行为,但其还能否包括基于实质理性基础下的犯罪阻却事由是值得探讨的。而且这个问题直接导致是否将轻微违法、正当化行为、期待可能性等阻却犯罪的事由纳入但书论证范围的分水岭。本书认为,从德日刑法的三阶层体系来看,正当化行为、期待可能性虽然符合犯罪的构成要件,但没有违法或者责任的行为,而轻微违法是没有达到构成要件标准的行为。而在我国"四要件构成体系"中轻微违法、正当化行为、期待可能性等阻却犯罪的事由是直接在犯罪之外考虑

---

① 参见储槐植、汪永乐:《再论我国刑法中犯罪概念的定量因素》,载《法学研究》2000 年第 2 期。

② 参见王志祥、姚兵:《论刑法第 13 条但书的功能》,载赵秉志主编:《刑法论丛》(第18 卷),法律出版社 2009 年版,第 138 页。

的,但书却是在犯罪构成之内考虑的内容,而且还勉强放在犯罪客观方面的。因此,轻微违法、正当化行为、期待可能性等阻却犯罪的事由与作为犯罪概念的但书并非一个层面的概念,并不是包含关系。"'但书'的出罪功能,不是根据'但书'直接认定某行为不构成犯罪,而是表现在其指导法官实质地理解与适用犯罪构成的解释机能上。"①由此可见,但书所辐射行为是符合犯罪构成的行为,只是由于情节显著轻微而剔除出了犯罪圈,而对"情节显著轻微"则需要法官在刑事审判中实质性的理解和解释。

二、"但书"与一身的处罚阻却事由

"但书"的司法价值在于软化情理与法律的瘀伤,保证刑法适用实质合理性地实现。近年来,各类文章对刑法"但书"的功能和作用以及在犯罪论中的地位等内容进行了深入的探讨,成果颇丰。总的来说,认为"但书"就是表明这个行为是有危害的,但情节显著轻微而有没有动用刑法的必要的问题检讨。笔者认为,借助德日刑法的可罚性理论,可以认定"但书"与大陆法系的一身的处罚阻却事由具有自洽性。因为"但书"是出罪依据,也就是探讨行为的"不可罚性"问题。与之相对应,犯罪的属性就是"可罚性"问题。根据日本刑法学者宫本英修的观点,某一行为如构成犯罪,首先必须接受以一般法律规范为标准的违法性评价,即被评价为违法行为;其次才需要接受以刑法规范为标准的刑法评价,即被评价为可罚的。而可罚的责任财仍需要满足一定的实质要求,即作为一种事实判断,其是否达到可罚性程度。②为此,冯军教授撰文加以详细论证。他认为:德日刑法中的可罚性是继构成要件符合性、违法性和有责性之后的第四个犯罪成立要件。可罚性包括客观的处罚条件和一身的处罚阻却事由两个方面。前者是与特殊的个人无关而一般地发生作用的,只要缺乏客观的处罚条件,行为人就不能受到处罚。所以说,客观的处罚条件是不法与

---

① 参见苏彩霞、刘志伟:《混合的犯罪概念之提倡》,载《法学》2006 年第 3 期。
② 参见马克昌主编:《近代西方刑法学说史》,武汉大学出版社 2008 年版,第 394~399 页。

责任之外的影响行为是否具有可罚性的因素或要件。而后者指的是在不法和责任之外的与行为人个人相关的从一开始就排除可罚性或者在事后取消可罚性的各种情况。在内容上,一身的处罚阻却事由包含着不同性质的事情。有的是从刑事政策的理由否定有责行为和因此是当罚的行为的要罚性,有的是本身已经完全存在的要罚性必须向其他的国家利益让步。①

　　由上可见,所谓"一身的处罚阻却事由"事实上是与我国《刑法》第13条但书契合的,因为法官对"情节显著轻微"的解释,很大程度上是综合考量了多种因素,包括刑事政策、制定法对习惯法的尊重或者妥协、利益衡量、国家利益让步等等。其实,这不仅体现在刑事审判过程中,在刑事诉讼其他程序上也有展现:公安机关不立案处理、检察机关决定不起诉等等。当然,很明显的是对"亲告罪"的处理,我国刑法典对家庭成员之间的虐待、侵占以及暴力干涉婚姻自由、"抢劫家人财产和赌资"等行为都进行轻罪化或者无罪化处置。② 此外,在特定形势下国家根据社会的具体情况也会对某种犯罪变通为非犯罪,如把邪教犯罪中的某些行为规定为"不作为犯罪处理"。还有,基于刑事政策的特殊需要而对犯罪进行无罪化处置。如"关于未成年刑事案件处理"的规定等等。很典型的就是2006年1月23日最高人民法院《关于审理未成年人刑事案件具体应用法律若干问题的解释》第9条第1款的规定。③ 该规定就明显表达出国家对未成年人越轨行为更多的宽容。

　　尽管法官依据"但书"结合各种因素将行为出罪化。但是又引出一个话题,那就是实质性解释"但书"是否违背罪刑法定原则,因为毕竟依据但

---

①　参见冯军:《德日刑法中的可罚性理论》,载《法学论坛》2000年第1期。

②　刘艳红:《目的二阶层体系与"但书"出罪功能的自洽性》,载《法学评论》2012年第6期。

③　最高人民法院《关于审理未成年人刑事案件具体应用法律若干问题的解释》第9条第1款规定:将案发后能如实供述全部盗窃事实并积极退赃与其他因素一起,作为认定未成年人盗窃行为情节显著轻微危害不大,不认为是犯罪的情形;第3款还规定:(未成年人)盗窃其他亲属财物但其他亲属要求不予追究的,可不按犯罪处理。在这里,影响犯罪成立的依据无关乎行为的不法而是犯罪后的悔罪表现、被害人谅解这样的事后情形。

书出罪的很多行为从形式上来看是符合刑法规定的犯罪构成要件的。笔者认为但书的适用并不违背罪刑法定原则,只要其适用符合如下三个条件:行为符合刑法分则的犯罪构成;判决行为人构成犯罪严重违背一般人的正义感,无其他排除犯罪的事由。那么,对"情节显著,危害不大"——社会危害性程度的解读就与行为人构成犯罪严重违背一般人的正义感挂钩。而且,犯罪是符合四要件犯罪构成并且社会危害性大的行为,而但书针对符合四要件犯罪构成但社会危害性不大的行为。按照这个思路,但书所规制的是符合四要件犯罪构成但符合一般人的正义感的行为。但是,一般人的正义感确实是很空的概念。毋庸置疑,当前我国的犯罪论中四要件的犯罪构成与社会危害性是"二合一"的。① 因此,对但书的实质性理解还得回到社会危害性命题上来。但是,学界对社会危害性在刑法中的作用是有质疑的:"只要采取司法范式,就不难明白,社会危害性其实是一种不具有独立意义的属性概念。因为,我国《刑法》第 13 条'但书'说的是'情节显著轻微危害不大的'行为'不认为是犯罪',这并没有否认'不认为是犯罪'的行为具有社会危害性,所以,社会危害性概念不能提供罪与非罪的司法界限,在司法刑法学上可以被删除。"②然而,笔者依旧倾向于用"社会危害性"来对行为是否符合"但书"规定进行实质性解释。正如王强所说:"这里的社会危害性不是规范前的事实概念,而是规范内的属性概念,是在罪刑法定视野下,刑事违法性判断后排除犯罪性的'出罪'判断,而非我国传统犯罪构成理论中的社会危害性概念。易言之,这里的社会危害性概念可以演绎出犯罪构成体系中出罪功能的实质要件。"③可见,但书中的"危害不大"就是对上述司法意义上的"社会危害性"的实质评价。因此法官在对犯罪构成要件理解的基础上,结合各种具体情况对行为进行"社会危险性"的实质解读,并以"但书"出罪是符合罪刑法定原则的。

---

① 刘艳红:《目的二阶层体系与"但书"出罪功能的自洽性》,载《法学评论》2012 年第 6 期。

② 刘远:《司法刑法学的视域与范式》,载《现代法学》2010 年第 4 期。

③ 王强:《我国〈刑法〉第 13 条但书规定新解——兼论但书在犯罪构成理论中的展开》,载《法律科学》2011 年第 5 期。

三、对但书的案例解释

"但书"在刑事案例中不在少数，很多都具有相当的参考价值。这些案例在体现刑法谦抑性、如何正确理解犯罪构成要件以及社会危害性等方面都有典型性，下面选取两个案例进行分析。

张某华伪造身份证案[①]：根据《刑法》第 280 条第 3 款的规定，伪造、编造居民身份证的，构成伪造居民身份证罪。按照法律规定，居民身份证只有公安机关有权签发，而被告人张某华却雇佣他人非法伪造居民身份证。从客观表现形式上来看，其行为完全符合伪造居民身份证罪的客观构成要件。而其之所以伪造身份证是因为户口未落实而无法补办，是一种不得已而为之的"下策"，而且之所以被发现是其不得不持该伪造身份证办理银行卡业务，并非从事违法行为。因此法院以情节显著轻微危害不大为名将其行为出罪。其后，检察院提出抗诉，认为伪造居民身份证罪是行为犯，无论其伪造的动机是什么，均不影响犯罪的发生。况且，本罪在刑法体系中被安排在第六章扰乱社会管理秩序中第一节扰乱社会公共秩序罪中，其侵犯的具体客体就是国家的身份证管理制度，因此，只要实施了伪造身份证的行为便足以构成伪造身份证罪。二审法院认为，任何犯罪罪与非罪的界限在于对社会危害性程度的把握，本案社会危害性并不大。事实证明，张某华伪造并使用该伪造身份证的行为仅仅是为了日常生活的方便，并不存在从事违法活动的目的。抗诉机关认为只要其适用伪造身份证进行任何活动就认定行为存在社会危害性，而且其社会危害性需要刑法评价的主张并无相应根据，据此驳回抗诉，维持原判。从二审法院的判决可以看出，根据我国《刑法》第 13 条但书的精神，只有社会危害性程度达到值得刑法科处的行为才构成犯罪。当行为符合犯罪构成要件

---

① 张某华因为身份证遗失，加之其户口未落实，无法向公安机关申请办理居民身份证。遂于 2002 年 5 月，以其本人照片和真实的姓名、身份证号码和暂住地地址，出资让他人伪造身份证一张。2003 年 3 月 18 日，张某华在某银行用上述伪造身份证办理正常银行卡取款业务，被银行工作人员发现而案发。参见沈志先主编：《公报案例精选》，法律出版社 2010 年版，第 8～13 页。

时,还是考虑行为的社会危害性是否具有值得刑法评价的限度。

郝某被控非法侵入住宅宣告无罪案①:公诉机关指控称:1992年,被告人郝某之夫杨某系某单位职工借用单位住房一套。6年后,同为该公司职工的同事经公司同意,并与杨某协商,搬入该套房屋的大间,与杨某共用001号房屋,后该职工将该房屋的大间转借给其男友张某居住。2002年10月17日,被告人郝某在被害人张旭出国期间,私自进入张居住的房间,将后者的家具等物品搬放至客厅内,并私自处理了张某的部分物品。在清空房间后让给其父母居住。审理后法院认为,尽管被告人郝某擅自侵入张某房间,并任意处理张某的物品,其行为确有不当之处,但行为符合《刑法》第13条但书规定的情形,不认为是犯罪。公诉机关指控被告人郝某犯非法侵入住宅罪罪名不成立。被告人郝某及其辩护人关于不是犯罪行为的辩护意见予以采纳,最后本案郝某以但书出罪。

本案折射出的深层问题之一,是对刑法理念的不同认识。有些误解必须得到澄清:刑法是国家的保障法,并且具有较高的位阶,在法律适用方面应当具有优先性,这是优先性的刑法理念。而笔者认为,谦抑性是现代刑法的基本理念,对于没有必要动用国家刑罚予以解决的纠纷,坚决不能动用刑法手段来解决。《刑法》第13条但书特别强调"情节显著轻微危害不大的,不认为是犯罪",这是刑法谦抑性的具体立法体现。刑法之所以规定非法侵入住宅的行为构成犯罪,是为了保护公民的住宅安全和生活安宁。就本案来说,郝某在张某不在的时候,擅自进入张某未上锁的屋子,处置张某个人物品的行为,对张某来说既没有造成人身上的伤害,也没有造成较大的财产损失,亦没有对张某的生活安宁产生严重影响,难以认为郝某的行为严重侵害了张某的住宅安全,因此该情节是显著轻微的。对于这种介于民事纠纷和刑事犯罪之间的行为,应首先适用民事法律进行调整,而没有必要动用国家刑罚手段,这是刑法谦抑性的必然要求。因为刑法的终结性决定了其是保护社会的最后手段,动用前提必须是不得已而为之。通过其他途径可以解决的问题,就没有必要动用刑法手段。

---

① 国家法官学院:《中国审判案例要览》(刑事审判案例卷),法律出版社2010年版,第230~236页。

　　本案折射出的深层问题之二,是对犯罪构成观念的不同认识。形式层面的罪刑法定原则就会认为,特定行为只要是符合了犯罪构成的四个要件,均属于犯罪行为。但笔者认为,实质性的犯罪构成观是科学的刑法理念,对于形式上虽然符合了犯罪构成要件的要求,但实质上不具有严重社会危害性的行为,不应被认定为犯罪。严重的社会危害性是任何犯罪都应当具备的本质特征,关于严重的社会危害性如何把握,司法解释规定了很多罪名的具体起刑标准,以说明达到何种程度就具有了严重的社会危害性。非法侵入住宅罪虽然不像盗窃等犯罪那样具有明确的司法解释规定起刑标准,但基于同样道理,也不能把所有非法侵入住宅的行为都作为犯罪处理。本案中郝某的行为不具有严重的社会危害性,因此不应认为是犯罪。

　　本案折射出的深层问题之三,是对裁判目标的不同认识。刑事审判唯法律效果论认为,刑事审判的唯一目标是要达到良好的法律效果。然而,笔者认为刑事审判应当本着追求良好的法律效果与社会效果相统一的目标,使裁判结果既合法理又合情理。综上所述,基于谦抑性的刑法理念和实质性的犯罪构成观念,并本着追求良好的法律效果与社会效果相统一的目标,一、二审法院认定郝某的行为"确有不当之处,但情节显著轻微危害不大,不认为是犯罪"的裁判是客观、全面、正确的。

第五章
生成刑事指导性案例的现实路径

生成刑事指导性案例的现实基础,其实质就是阐释规范的实现所需要的基础性条件。它包括生成的经验基础与制度基础。然而,两大法系的思维的逻辑起点有相当差异,英美法系是经验而大陆法系是概念。但是,刑事指导性案例的生成需要借鉴英美法的有益因子,经验地理解法官的思维和行为。如何摈弃迷信法典而无视经验的做法需要充分尊重法学家的作用,以发挥他们在法理的正当性论证中的重要作用。近年来,为了发挥法律在调整社会生活中的重要作用,无论立法还是最高司法机关都不遗余力地修改立法、出台各类司法解释。但是,立法粗疏、司法解释泛滥早已被广泛诟病。而刑事指导性案例的产生恰恰弥补了这一缺陷,即立法将案例中法律问题进行提升和抽象,并由此产生新法规。那么,刑事指导性案例就是充分展示出司法实践中的问题,并以司法智慧加以解决,而只有对立法进行完整的理解和充分说理并让结论取信于这个社会的案例才是指导性案例,而这种案例只可能是对规范的充实和丰富。只有这样,才能让司法解释回归到本途,还原本应该有的地位和作用。此外,生成过程需要充分发挥审判机构的作用以及控辩参与的智力支持。

第一节　生成刑事指导性案例的逻辑路径

一、生成刑事指导性案例的规范基础

两大法系法律思维的逻辑起点有相当的差异,英美法法律思维的逻辑起点是经验,成文法系法律思维的逻辑起点是概念。前者的核心是"法官们在许多个别案件的判决中创造了普通法"[①]。大陆法系对社会的治理采取了理性主义模式,通过理性的"摄入"来为社会确立行为规范:在思路上采取了理性主义的、主动的、规范式的、能动的思路,在技术上采取了以概念来描述社会现实,并用不同层次的种属概念为统摄整个社会生活的方法。对社会的治理所需要的既能够统管全局的苍鹰之眼,同时也能够洞幽入微的青蝇之目,一句话,它需要的是一种上帝式的、全能理性的立法者。[②] 因此,两种法系中法官的裁判思维有很大差异。英美法法官的裁判思维是发现事实后寻找相同的案例,即思维过程是从具体到具体;后者是发现事实后找法,通过法律解释将法律规则纳入事实裁判的依据,进而作出结论,思维过程是从抽象到具体。运用刑事指导性案例是法官运用同类案件的比较,以直观的形式找出应当适用的规则从而解决案件的规则的形式。这就需要以普通法方法作为适用刑事指导性案例的法律方法。法律无疑是为解决案件而存在的,裁量案件时,两大法系对如何寻找法律有不同的方式。寻找法律依据必须以案件事实为基础性材料,从而找到与其最密切相关的法律。

---

① ［美］约翰·W.奥尔森:《正当法律程序简史》,杨明成、陈霜冷译,商务印书馆2006 年版,第 2 页。

② 参见李猛:《除魔的世界与禁欲者的守护神:韦伯社会理论中的"英国法"问题》,载李猛编:《法律与价值》,上海人民出版社 2001 年版,第 163～168 页。

在刑事指导性案例的生成过程中,法官要为审理案件总结出适用规则,必须结合案例和各种可供参考的法律资源,可以对这些资源进行综合考量,包括价值评判、法益衡量等方法,也可以对现有规则进行重新表述,而这必然又有新的内容加以融入。这些新的内容来源于对规则的全新解读,也有原有案例事实没有存在的部分,这可能导致法官对先前规则作出调整和变更以适应手头的案件。对于成文法而言,是规则的重新衡量;对于指导性案例而言,则是对裁判规则的发展和完善。因此,法官在此对规则的重新表述注重新环境和条件对规则的意义,公众并不会认为是对成文法的滥用,也不会认为是对原裁判规则的误读,而只是认为不适合本案而已。如此一来,不同于法典,当法典重新变动时,人们总是能敏锐地感受到规则变动的断裂,但刑事指导性案例不会让人们明显感受到规则的强烈变动和不稳定。由此可见,刑事指导性案例的开放性和包容性是明显的。然而,鉴于指导性案例本身所有的开放性,法官在形成裁判过程中的法律思维显得尤为重要,审理案件中法官要充分考量适用什么规范以及如何适用于该个案,同时还必须考虑适用该案后,与以前办过的同类个案是否遵循"同一原则"。[①] 在这个过程中,司法的经验和智慧在规范的支撑下发挥重要作用,形成了经过当事人利益阶层检视,并在实践中接受了考验的柔性规范。同样,在这个过程中,法官不是天马行空的任意决定,而是在司法能动中接受自我约束。对于法院裁判作出的过程,卡多佐法官在《司法过程的性质》中主张,在大多数情况下,案件的事实及所需要适用的法律是明确的,此时将既有法律规范适用于事实是没什么争议。但是,在讨论其余的案件的情形时,他认为,法官除了要考虑"适合此案的规则",还需将影响其作出决定的,其所掌握的哲学、逻辑、类比、历史、习惯、权利感等种种"下意识"因素考虑进来,理由是制定法经常因考虑不周全、支离破碎而带来不公正。同时,法官也是一个各种因素组成的复合体,这也增加了法官在法律适用上的不确定性。为了避免这些不确定性,法官要综合考虑并平衡这些因素,以实现审判结果能与正义相互和谐。他认为,法官是一个聪明的药剂师,可以根据一个普通的药方,配制出一

---

① 郑成良、杨力等:《司法推理与法官思维》,法律出版社2010年版,第136页。

个恰当的药物,这就是卡多佐描述的判决模式。[①] 由此可见,刑事指导性案例的生成过程中,必须经验地理解法官的思维和行为。

二、汇集司法智慧和经验

指导性案例发挥作用需要重视两点:人和制度。法官不是"自动售货机",他的行为受到个人背景、职业阅历的制约。而这一点在我国是被忽视的,在法文化历史长河中,好的法官永远是刚正不阿、铁面无私的形象。在裁判过程中,法官应当是法律的忠实执行者,不偏不倚,不带任何私人感情,也不会将个人的好恶偏见带入司法过程。为了成全这样的理想,法官必须神性多于人性,脸谱化的清官形象支撑了中国人对于法官的全部期望,如包公、海瑞之类的兴许。这是百姓对刚正不阿严厉执法的清官形象定位,更是公众对专制体制下获得公正的期待。这种观念或多或少地绵延至今,我们的法官很大程度上被要求执行某些道德标准[②],通常模式是:提出并赞美一个概念上完美的法官,然后激励和要求担任法官的人去实践这个概念。[③] 这种法官或称司法观念的意识形态并没有注重法官作为一个社会人的定位,而是上升到理性人的高度。这点听起来很美。但指导性案例的生成,必须要充分尊重一审法官在依法办事的法律美德的基础上,地主动吸纳、运用在社会和法学界讨论中形成的共识,充分运用法官的智慧,充分利用法定程序来发挥整体司法制度的作用。这充分体现了当前人们思维方式上的障碍。这些行为的典型性表现如下:过分重视或者迷信成文法典所蕴含的理性,而忽视了判例中所蕴含的实践经验和司法智慧。在行文总结判决经验时忽视对司法智慧的概括,却不会忘记对立法的可能贡献。对法典的迷信,加上我们法官没有时间加以总结,司法人员的经验与智慧被一个一个地扔掉了。

---

① [美]本杰明·卡多佐:《司法过程的性质》,苏力译,商务印书馆 2009 年版,第 89~113 页。

② 如政法干警核心价值观等等。

③ [美]理查德·A. 波斯纳:《法官如何思考》,苏力译,北京大学出版社 2009 年版,代译序第 5 页。

(一)法学家作用的发挥

从法制史的发展来看,法学家对法制的发展起到了不可磨灭的作用。曾经有学者把法律教师和学者的兴起视为"一个新的法律的共同领导群体"①。这从一个方面说明了法学家在法律体系中的重要地位,而且完全可以说,在案件裁判场域里法学家凭可以借其"强势"文化资本影响案件裁决的力量结构。梅因在其学术著作中就指出"必须记住'裁判官'本身是一个法律专家,或者是一个完全掌握在都是些法学专家的顾问手中的人,每一个罗马法学家都焦急地等待着有一天到来,他能充任或掌握这伟大的司法高级官职"②。在德国,德国的法学家将单个编纂的法典,还有法律体系,视为由概念连接的一个整体。……但对于法学院教授而言,法院的判决也具有重要的作用,它主要是作为一种劝导在思维中发挥着影响作用。③ 甚至有观点认为:"法学家与法官是和而为一的,但现实中法学家与法官的内涵不同,法学家对法官的垂直作用,即法官引用法学家的理论来弥补法律的不足,从而使判决更趋向于法的最小内涵。"④托克维尔曾讲道:"……民主精神如果不结合法学家的精神,我怀疑民主可以长期治理社会;而且,如果法学家对公务的影响不随人民权利的增加而增加,我也不相信在我们这个时代一个共和国能够有望保住其存在。"⑤而在我国,"让中国法学理论界感到郁闷和彷徨的最主要状况是:当国家机关在行使权力时,往往忽视法理上的正当性论证,而这样赤裸裸的权力行使往往很容易引起法理的正当性危机,又迫使法学理论不得不硬着头皮再按照既定方针去勉强地应对和进行善后处理"⑥。这也是我国司法实

---

① [美]格伦顿·格登·奥萨魁:《比较法律传统》,米健、贺卫方译,中国政法大学出版社 1993 年版,第 57～58 页。

② [英]梅因:《古代法》,沈景一译,商务印书馆 1997 年版,第 37 页。

③ 杨晓强:《对法学院课堂的指望》,载《法学家茶座》2008 年第 2 期。

④ 何慧新:《刑法判例论》,中国方正出版社 2001 年版,第 198 页。

⑤ [法]托克维尔:《论美国的民主》(上卷),董果良译,商务印书馆 1988 年版,第 306 页。

⑥ 季卫东:《法学理论创新与中国软实力——对法律和社会研究的重新定位》,http://www.sjtu.edu.cn/calendar/show,php? itemid=1583. 转引自陈金钊:《法律解释学——权利(权力)的张扬与方法的制约》,中国人民大学出版社 2011 年版,第 275 页。

践中不得不面对的问题,即法学理论和法学家是为政治服务,而司法活动的生命力淹没在各种"头痛医头、脚痛医脚"的社会秩序维护中。因此,无论是判例法系的判例亦或是大陆法系的判例制度,都积极发挥了法学家完善法律体系的作用(当然,这也适用于指导性案例制度化的推广)。

(二)法官能力的提升

建立完善的案例指导制度,客观上需要制度填补,但"适用指导性案例是有条件的,一是要有一批具有较高法律意识的司法人员,二是要有一个数量可观的法律规范群"①。由此可见,具有较高司法意识的司法人员是指导性案例制度化的重要人才基础。因为我国大陆指导性案例制度化的具体构建主要是"生成""适用"两个层面,前者是前提和基础,后者既是目的又是制度的功能载体。但无论哪个层面,离开了身为主体的人都无法实现。因此,要发展案例指导制度,必须充分提升法官素养,以培养其制作和适用指导性案例的技能。

当前,成都市青羊区法院有关指导性案例专项调研报告对法官适用指导性案例存在的问题进行了分析,总结出了当前的部分问题。表现在如下方面:②一是部分法官适用案例指导制度的主动性不足。部分法官受传统审判思维方式的影响,办案中习惯于首先查找相应的法律条文和司法解释等,除非遇到新类型或疑难案件,一般不主动查找案例,致使参照适用案例的自觉性不够。二是多数法官提炼、选择和运用裁判规则的能力不够。该院在探索案例应用方法中形成了"找出问题、检索案例、比对事实、反复论证、形成结论、参照应用"六步工作法,但多数法官感到在短期内掌握大量案例的裁判规则,并摸索出一套行之有效的运用方式具有较大难度。

毫无疑问的是接触案件的一线法官是最可能知道问题症结的人,指导性案例让最知道问题的人讲出问题,无疑是有利于司法机制的良性循

---

① 武树臣:《对十年间大陆法学界关于借鉴判例制度之研讨的回顾与评说》,载《判例与研究》1997 年第 2 期。

② 参见四川省成都市青羊区法院调研报告:《成都市青羊区法院分析案例指导制度存在的问题并提出建议》(内部资料)。

环。但客观地讲,中国司法审判的环境里,传统的成文法理念培养下的思维模式决定了法官对明确裁判规则的渴望,对案件进行纯粹说理则往往"胆气不足"。而且现实案件数的激增对本已审判压力较大的法官来说,要对个案进行充分分析,自己归纳其中的意旨以及实现对法律的精读,从效率角度来说往往不太现实。但是指导性案例的价值不是简单地重述法律、司法解释的规定,而是需要准确阐释法律精神、填补法律漏洞、清晰化模糊或原则化的规定,这又需要相当数量的具有较高理论功底和业务能力的法官来完成。然而,"我国多数法官缺少指导性判例应用技能的专业培训,寻找指导性判例又受到价值判断、审判思路的影响,存在着确定性、统一性与实质合理性的紧张关系"。① 有学者经过研究发现,法官在收集、应用案例过程中存在三方面的问题:判(案)例难找、说理不充分以及论证不周延、权威性不足。② 笔者认为,案例难找以及权威性不足都是制度方面的问题,可以通过完善体制、机制加以弥补;而案例说理不充分、论证不周延的问题才是制度存在过程中影响巨大的实质性问题。对这个症结我们不能简单地以司法能力高低为考评依据,但司法人员的司法能力确实与此有关。

具体而言,法官在案例指导制度运作过程中有两种角色,一是案例的创制主体,二是案例的适用主体,这两种角色是并行不悖的。作为创制者,其司法能力决定了指导性案例水平的高低;而对于适用者而言,其司法能力同样决定指导性案例能否顺利承载指导任务。尽管都是以司法能力作为衡量标准,但作为不同角色,司法能力的内容还是有实质的差异。首先讨论作为创制主体的法官。在一个具体个案中,法官必然是案件的审理者,同时也是创制主体。在审理案件过程中,他必须进行充分的论证,以求实现事实与规范的圆满契合,实现案件处理结果的公正,而正是通过充分论证的案件处理,并形成一定的裁判规则,这个案件就有可能成为指导性案例。因此,在这个层面来讲,法官疑难问题的化解能力和论证

---

① 张祺:《论寻找指导性案例的方法——以审判经验为基础》,载《中外法学》2009年第 3 期。

② 夏锦文、吴春锋:《法官在判例指导制度中的需求》,载《法学》2010 年第 8 期。

能力是重要参考指数。其次,对于作为案例适用者的法官而言,他一方面是个案的主审人员,同时又是指导性案例的适用者。对他们来说,在逐渐增加的指导性案例中筛选出与待决案件相同或者类似的案例,是一种很重要的能力,这种能力包括识别能力、类比推理能力、引用能力(鉴于指导性案例的裁判规则不能成为裁判依据,只能在论证过程中加以应用,以强化论证过程)等能力。由此可见,尽管都是案件的主审法官,案例的创制者与适用者所需要的能力还是有差异的,但二者又并非泾渭分明,案例创制者与适用者有时候是分离的,但大多数又是互相重合的。案例的生成与适用是一个互动的有机系统。古人曰"授人予鱼不如授人予渔"。如同进入市场的产品须配套使用说明一般,案例指导制度要实现从应然层面过渡到实然层面、从理论场域发展到实践场域的华丽蜕变,是法官既能生成又能适用指导性案例,从而实现案例指导制度的具体构建。

实行刑事案例指导制度,必然要求主审法官发挥主观能动性,在案件审理过程中充分说理,尽管这必然会触及对法官技能的考验和程序制度的完善,但如此一来对推动我国法律制度的完善和法官技能的培养大有益处。案例指导制度能够促进法官分析案件的关联性,积累裁判经验,推进典型案例的法理研究和逻辑推理研究。[①] 这有助于形成刑法运行机制的有效规制。一方面,在刑事司法适用过程中,将一线法官审理案件所累积起来的智慧和经验提炼到一般规范的层面,这些来源于最广泛实践的声音,为刑法规则的修改和完善提供了翔实和充分的素材。达到"我们在不必(也根本不可能)回答什么是正义的情况下,事实上拥有逐渐逼近正义的法律"[②]。另一方面,刑事指导性案例有助于法官技能的培养和法律思维的提升,从而为刑法司法适用建立强大的法律适用人才群体,从而为实现刑事法治打下良好基础。法律适用说到底是人在适用,无论多么完备的法律体系,如果适用主体仅仅根据自己的"价值"取向和法律感性去

---

① 龚稼立:《关于先例判决和判例指导的思考》,载《河南社会科学》2004 年第 2 期。

② 刘海波:《判例法与中国的法治建设研究报告》,2008 年 11 月 18 日中国人民大学公共政策研究院和美国加图研究所联合举办的"通往和谐发展道路:中国改革开放三十周年国际学术研讨会"会议论文。

理解法律、适用法律，姑且抛开司法腐败、权力干涉等外在因素的影响，这样的适用也是僵化和教条的。久而久之，法律技术和方法似乎是学理上的命题，法律论证和推理就成为走过场，法官成为适用法律的"机器"，法律则成为主权者的命令，判决之所以有约束力是因为它是法官根据主权者的命令所作出的。① 这是我国法律人处理遇到的案件时，很少在案件中进行充分论证的原因，也是我国刑事判决（包括其他部门法的判决）简单粗糙的原因。正如陈金钊教授所说："我国的法典是宜粗不宜细的，法律运用也是简单粗糙的，判决是建立在简单的判断基础上的，制度上没有要求进行论证，判决书中基本也没有论证。"② 这样一来，粗糙的立法和粗线条的司法构成我国刑事司法简陋的镜像。立法的完备非一朝一夕，且立法本身痼疾使很多以完善立法为己任的立法者倍感无力，但司法过程的精细化，司法适用体制的完善和规制却是可以逐渐完成的。正如有学者所言，刑事法律的适用过程和判决结果是刑事案例指导制度实行的关键环节，也是刑事法治建设中最实质的问题所在。③ 在这个完善体制的过程中，实施刑事案例指导制度则起到了积极的作用，原因在于，刑事指导性案例要求公开判决，但从现有的判决书来看，通常"本院认为"部分简单地罗列了裁判理由，法官思维过程中很多内容都湮灭于其中。而指导性案例就可以促进法官充分说理，即判决作出后很好地讲清楚作出裁判的理由，进而出现值得借鉴的指导性案例，而指导性案例的颁布又可以引导类似案件法官在审理案件时进行"例证推理"，从该案例中探寻到富有意义的裁判规则，继而作出合理裁判，从而使指导性案例的适用进入良性循环的轨道，最终使法官群体甚至整个法律人群体的头脑中法典理性与司法经验有机结合，促进刑法适用机制合理化、法治化。

---

① ［英］霍布斯：《利维坦》，黎思复等译，商务印书馆1995年版，第32页。

② 陈金钊：《法律解释学——权利（权力）的张扬和方法的制约》，中国人民大学出版社2011年版，第21页。

③ 杨磊：《成文法制度下罪刑法定原则的确证与强化——刑事案例指导制度与中国刑事法治建设》，载陈兴良主编：《刑事法评论》，北京大学出版社2007年版，第135页。

三、生成目的是充实和丰富规则

(一)立法现状

正是由于我国立法粗疏,一直以来,司法解释是上级法院对下级法院进行指导的主要形式,对司法实践的指导作用很明显。而且,最高人民法院的司法解释为正确理解和适用刑事法律提供了详细、明确的指引,为克服制定法缺陷起到了积极的作用。现在我国推行的指导性案例制度化进程中,借鉴了判例法的一些做法,但并没改变制定法仍为主要法律渊源这一根本前提。因而,制定法与指导性案例的关系,只能用"主"与"辅"来形容,而非"主"与"副"。① 那么,司法解释算"主"还是"辅",其作用和地位是否还一如既往呢? 厘清指导性案例与司法解释的关系就很重要。因为,案例指导制度作为对现行司法解释的重新转换,如不解决司法解释的性质和法律效力问题,该制度的合法性难以保证,甚至可能会出现实质上对原立法修改的情形。② 这样的结果会导致指导性案例与司法解释同样受人诟病。

应该说,司法解释和指导性案例并非界限分明的解释类型,很多司法解释借助指导性案例的形式加以公布,对此上文所论及的"个案批复",除去没有严格按照指导性案例的形式加以表现,但实质就是指导性案例。因此,有论者总结了指导性案例与司法解释的关系的两种意见:一种观点认为,指导性案例不能视为司法解释的一种表现形式,因为单个指导性案例一般不具备普遍的指导意义,也没有法律上的约束力。另一种观点则认为,指导性案例是一种司法解释方式,其自身就是对法律直观、生动的解释。③ 从效力角度来看,有些指导性案例是按照出台司法解释审议程序进行审议,并以最高人民法院正式文件方式发布,具有普遍约束力,因

---

① 黄晓云:《建立中国特色案例指导制度的创建——学者、律师热议〈关于案例指导工作的规定〉》,载《中国审判》2011 年第 1 期。

② 倪斐:《案例指导制度构建中的几个法律方法论问题》,载《汕头大学学报》2008年第 3 期。

③ 孙谦:《建立刑事司法案例制度的探讨》,载《中国法学》2010 年第 5 期。

而属于司法解释;但其他的按照指导性案例制度化的机制所发布的案例是指导性案例,仅具有指导、参考的作用。

有学者的观点很中肯,"科学的立法过程是对案例中法律问题的抽象和提升,在用新法规填补法律空白时,一系列脉络清晰的案例总比凌乱不堪的各种判决更容易坚定立法者的决心,作出果断的决定"。① 在这个观点中,我们可以很清楚地看出指导性案例与司法解释的关系,即立法的过程是指导性案例—司法解释—制定法这样的脉络。详言之,只有在某类案例累积到一定数量,最高司法机关通过案例所隐含的裁判规范进行汇总,进而形成司法解释运用到实践中进行检验,当该裁判规范确实能实现自己的作用,有必要成为规范时,使之成为成文文本。因此,司法解释与指导性案例不是一个层面的东西。具体而言,司法解释是立法的有益补充,我们只要稍微查一下新颁布的刑法各修正案,便可以发现,许多司法解释都被新立法所吸收或者成为其中的一部分。由此可见,指导性案例是最高人民法院对系统内部所产生的有价值的案件进行统一公布的案例。这些案例有可能成为司法解释的来源,甚至其裁判规则所体现出来的精神也有可能成为立法的素材。笔者认为,在发挥指导性案例的指导、参考作用的同时,要充分吸纳指导性案例的精华以消除传统认为司法解释依旧是抽象解释,其通常以命令的形式表象完全脱离于具体案件事实背景所进行空洞阐释的外像。换言之,以指导性案例是司法解释重要来源的立场出发,注重发现指导性案例中带有的普遍性问题,注意及时提炼、总结,为上升为司法解释作准备,从规范意义上形成新的法律适用规则。因此,各级司法人员也要改变那种动不动就眼巴巴地望着上面出司法解释那种畸形的渴望,要将视野转移到指导性案例中来,从中发现值得启迪思维的智慧。如下建言很有道理:"最高司法机关对下级司法机关请示的案件,如果认为属于典型性案例但制发司法解释的条件尚不成熟,不宜直接作出答复,可指导案件继续审理,然后将其作为指导性案例进行发布。"② 所以,多出指导性案例少出司法解释应该是最高司法机关很长一

---

① 张亚东:《关于案例指导制度的再思考》,载《法律适用》2008 年第 8 期。

② 孙谦:《建立刑事司法案例制度的探讨》,载《中国法学》2010 年第 5 期。

段时间的指导思想。综上,现阶段指导性案例与司法解释都能够作为司法参照的依据,指导性案例与司法解释共同合力拱卫刑法规范的权威性。但笔者认为,随着指导性案例在规范性解释领域中不断扩大,逐渐会在规范性解释中占有优势地位,那样,司法解释的作用就能真正退回"法律适用上需要解释"的含义中来,进而厘正人们对两高司法解释地位的长期误读。

首先,最高司法解释依旧是规范解释规范,只不过是一种相对确定的文字来阐释一种更加模糊的文字。最高司法解释本来是针对法律规范所作出的说明,但它本身往往不针对具体案件,往往以规定、意见和批复三种形式印发全国对口机构和部门。就像拉伦茨所说的那样:"解释乃是一种媒介行为,借此,解释者将他认为有异议文本的意义,变得可以理解。"①换言之,解释是通过文字将法律含义予以明确化,但是,有权机关所作出的解释"仍然抽象有余,精细不足"。无论是"解释""批复"还是"规定"中,"解释"是如何应对某一类问题,"规定"是对审批工作提出的规范和意见,仅有"批复"是针对个案进行的,这是存在一定问题的。其一,无论解释还是规定都是对某一类问题的解答,内容仍旧具有抽象性,且没有附加理由,很难服众。其二,批复似乎是对个案的解读,但如果最高司法机关长期以批复的形式解答个案的处理,最高司法机关法官甚至会"沦落"为一线办案法官。

其次,司法解释极易越权解释。当然,其产生的根源是多方面的,但主要有两个因素。其一,立法的滞后,成文法都是对过去经验的总结,而缺乏对未来事物的预知,这为司法解释留下了极大空间。正如有学者所言:"立法可以因各种原因暂缓出台或故意粗线条,司法机关却不可能在没有任何指导或无具体尺度的情况下各行其是。"②由此可见,尽管立法粗疏,但法官不能拒绝裁判,且裁判还不能任意,在这种情况下主审法官眼巴巴地渴求上级出台司法解释也可以理解。如 1985 年最高法出台司

---

① ［德］卡尔·拉伦茨:《法学方法论》,陈爱娥译,商务印书馆 2003 年版,第 19 页。
② 陶凯元:《中国法律解释制度现状剖析》,载《法律科学》1999 年第 6 期。

法解释规定"挪用公款归个人使用或者进行非法活动以贪污论处"①,该规定就是基于该段时间内司法实践中频繁出现大量挪用公款归个人使用或进行非法活动的情况。而1979刑法对此并没有规定,且立法机关也没有及时出台相应的立法解释,故最高法不得不作出司法解释以缓燃眉之急。其二,司法解释本身也滞后,如1984年两高《关于当前办理盗窃案件中具体应用法律若干问题的解答》中规定的盗窃罪的标准,一直到1992年才进行了调整,而这9年间,经济发展水平有了很大的变化,造成"标准"与实际情况相差很大。于是,一些地方的省级人民法院、人民检察院自行提出了适合本地区的标准。② 这种由地方制定的准司法解释,尽管犹抱琵琶半遮面其实用性是肯定的,但正当性则很难说。

再次,最高司法解释缺乏对个案事实的深刻领会,其并不一定就能体现规范与事实之间的交互融合。换言之,现行的司法解释是抽象的、一般性的规定,且不说其本身的正当与否,最核心的问题在于,抽象的司法解释通常都是以规范的形式在缺乏具体事实背景的前提下产生的,因而无法像具体个案解释那样比较具体地说明产生理由。显而易见,司法过程存在两方面的交流,一方面是解释主体与成文法(文本)的交流,另外一方面则是解释主体与案件的沟通……作为司法解释的对象不能仅仅是成文法律,还必须包括相应的法律事实。③ 当最高司法解释以高高在上的姿态发布某些权威性观点,抛开其后的权力支撑,很难说这些观点能够充分有理地运用于具体案件。而且,这还造成各级地方法检机构对两高的依赖和司法过程中的消极心态滋生。

最后,传统意义上法律解释只能是多种解释原则和解释可能性中可供选择的一种方法。④ 该法律解释实质上是在文义解释的大框架下对文

---

① 参见最高人民法院、最高人民检察院对1985年7月18日联合发出的《关于当前办理经济犯罪案件中具体应用法律的若干问题的解答(试行)》。

② 张军:《最高审判机关刑事司法解释工作回顾与参考(1980—1990)》,载《法学研究》1991年第3期。

③ 陈金钊:《法制及其意义》,西北大学出版社1994年版,第119页。

④ 参见[德]齐佩利乌斯:《法学方法论》,金振豹译,法律出版社2010年版,第16页。

本的一种辐射,无法更加精确地解释法律。这些传统的解释方法反映了法律的变化和重塑方式,其弱点在于过分强调修正的可能性,而缺失解决的可能性。这种解释方法过分强调法官对法律的全面反思,而忽略了法律理解共识的重要作用。^① 陈金钊教授更具体地阐述了这种观点:"法律解释是一种媒介行为,即根据法律文本的规范意旨赋予事实以法律意义以及根据以往的判决反过来解释法律规范的意涵。事实与法律规范之间的意义是相互融贯的,并不是单方面的由法律来涵摄事实。"^②因此,准确理解司法解释需要两个前提:其一,仅仅靠语言文字的熟练还不足以准确地理解法律;其二,无论哪种解释都需要对事实的深入理解。

(二)指导性案例——归位司法解释

近年来,为了保证法官在办案过程中能够正确适用法律,高质量地完成审判工作,最高人民法院发布了一系列司法解释和规范性文件。^③ 为了更好地指导地方工作,各地高级人民法院也纷纷仿效,出台大量的规范性文件,如果再加上各中级人民法院和基层人民法院出台的规范性文件,其数量是相当惊人的。尽管有如此众多的规范性文件,依旧抵挡不住各中、基层人民法院要求出台更加具体和明确司法解释的热情。除了法官行政思维作祟使自己"不争气"地望着上头指示外,"上头"对法官的警惕也是某种不可言说的成分。法官审理案件时具有自由裁量权是一种必然的权力,为了统一司法适用,尽管最高司法机关为了应对下面司法适用的需要而频频出台解释以统一适用,但潜台词却有限制法官自由裁量权之嫌。固然是"不受限制的权力必然会导致滥用",但是,为了防止自由裁量权的滥用却以剥夺自由裁量权威为前提就成了本末倒置。如果我们仅仅

---

① 〔美〕布莱恩·H.比克斯:《法理学:理论与语境》,邱昭继译,法律出版社2008年版,第112~113页。

② 陈金钊:《案例指导制度下的法律解释及其意义》,载《苏州大学学报(哲学社会科学版)》2011年第4期。

③ 据不完全统计,2004—2008年最高人民法院5年间共出台85个司法解释和180件指导性意见,2009年出台了13个司法解释和近50个指导性意见,2010年出台了20个司法解释和58个指导性意见。详见江勇、马良骥:《如何进一步推进案例指导工作》,载《法律适用》2012年第7期。

把法官视为办案机器,如同电脑文档一般,一边输入事实另一边就吐出答案,这似乎倒没什么问题。但恰恰法官不是机器,而是有血有肉的独立个体,尽管有众多的办案文本依据,但办案机器还是无法完成事实与规范契合。

不同于英美传统法治强调"法在事中",注重经验主义,重视分析案件过程中的细节问题。一个判例之所以成为极有权威的"先例",并不在于它的结论正确,而是因为它极有说服力地阐明了判决的理性依据。[①] 因此,必须找到统一司法尺度和依法行使自由裁量权的平衡点,既避免条文式规定的"一刀切",又防止没有共识而滥用自由裁量权。而且,对法律更加精细的理解,可以克服对文本望文生义的局限。案例指导制度借鉴了这些优点,这对我国法律适用过程中对法律理解不精细、不到位,说服力不强的缺陷有十分重要的参考意义。最重要的是刑事指导性案例对司法解释的定位意义重大。表现在:尽管典型案例结论所附理由经过了最高人民法院的加工,它与两高司法解释一样可能导致刑事审判活动的行政化,但它的适用风险却远远小于两高刑事司法解释,后者所谓的"规范"形式极易被混视为法律。而且个案性的解释是否具有具体的指导作用,更容易被司法者和其他职业法律人鉴别。作为个案解释的原创者,控辩双方和主审法官而不是政法部门政策调研人员在抽象司法规则方面起关键作用,这在现制运作中,无疑是及时集聚刑事司法经验的一条有效途径,至少增加判决书的说理成分会受到审判部门的重视。既然都是刑事司法解释,个案解释不过是要到刑事司法解释那里去争得更大的位置,而不是要瓦解法律基础。而且既然两者都能够作为司法参照的依据,两高刑事司法解释的制作程序就可以为典型案例向准判例过渡提供一个稳妥可行的制度发展路径,刑事指导性案例的性质和作用定位又能够厘正人们对两高司法解释地位的长期误读,将其真正拉回"参照执行"的作用层面。[②]

"法官们所面临的实际是一个具有双重性质的问题:首先他必须从一

---

① 张千帆:《"先例"与理性:为中国司法判例制度辩护》,载《法制日报》2006 年 3 月 29 日第 4 版。

② 王利荣:《论量刑的合理性》,西南政法大学 2007 年博士论文,第 158 页。

些先例中抽象出基本的原则,即判决理由;然后,他必须确定该原则将要运行和发展——如果不是衰萎和死亡——的路径或方向。"①在司法实践中,法官是因法律存在缺陷来拒绝裁判还是积极创造规则来解决纠纷,是以追求法律的价值为天职还是以僵守残缺的法律为目标,则成为考验法官智慧的分水岭和试金石。② 根据学者的调研,法官对指导性案例的需求主要体现在三个方面:一是能够提供明确裁判规则的指导性案例;二是能够提供充分理论论证的指导性案例;三是能够提供有效权威支撑的指导性案例。③ 其中,我们可以看出对裁判规则的要求是放在第一位的,那么是不是有明确裁判规则的指导性案例就会很有参考市场呢?笔者从1985 年到 2011 年年底《最高人民法院公报》204 个刑事案例加上正式发布刑事指导性 6 个,总的就是 300 个刑事案例。《最高人民法院公报》案例从 2005 年 9 月才开始写裁判要旨,据不完全统计,300 个刑事案例中,仅仅 98 个有裁判要旨,涉及刑法总则的 9 件,分则的 54 件,除刑法总则、分则之外的条款还占相当比例。其中,就刑事指导性案例裁判规则的内容来讲,以案释法占绝对优势 86%、新类型 7%、填补空白 4%、重大疑难2%、其他 1%。由此看来,案例主要用于弥补法律及司法解释的不足,统一裁判尺度,不得突破现行法律或司法解释的规定,不具有"造法"功能。从分析指导性案例可以看出,指导性案例所必须的条件是来自于案件本身,即案件有值得参考的地方。就指导性案例而言,它不限于漏洞填补情形下的指导,还包括各种事实认定! 就理论上来讲"只要在认定案件事实和适用法律方面存在典型性,都可以成为指导性案例"④笔者参考了所在单位——四川省高级人民法院课题组关于《中国特色案例指导制度的发展和完善》的一些调查数据,如下:

---

① ［美］本杰明·卡多佐:《司法中的类推》,苏力译,商务印书馆 1999 年版,第23 页。
② 参见刘作翔、徐景和:《案例指导制度的理论基础》,载《中国法学》2006 年第 3 期。
③ 夏锦文、吴春峰:《法官在判例指导制度中的需求》,载《法学》2010 年第 8 期。
④ 王利明:《我国案例指导制度若干问题研究》,载《法学》2012 年第 1 期。

最希望发布哪种类型案例分析[1]

选项调查对象	填补空白	常见多发	社会关注	新类型	其他
法律专业	56.68%	17.17%	14.95%	10.87%	0
非法律专业	44.76%	17.25%	22.59%	14.78%	0.21%
司法工作人员	56.61%	16.88%	14.84%	11.36%	0
非司法工作人员	23.53%	21.18%	38.24%	15.88%	0.59%
参加过诉讼活动	58.01%	16.22%	14.29%	11.18%	0.00%
未参加过诉讼活动	33.33%	22.5%	28.89%	14.44%	0.28%
小计	54.19%	17.19%	16.54%	11.69%	0.04%

从上表可以看出,法官(或者扩展到法律共同体成员)最希望看到的案例的填补空白类型的指导性案例,但实践中发布填补空白的案例仅仅占发布总数的 4%。而笔者所在高级人民法院对法律工作人员的调查显示[2]:超过七成的调查对象认为在遇到"法律或司法解释对争议焦点没有规定,或仅有原则规定,或规定有多种理解的案件"(75.84%),超过六成(64.29%)的调查对象表示在处理"新类型或疑难案件"时会参照适用案例。对于"社会影响大"及"依照现有法律得出的裁判结果不合情理"等案件,选择参照适用案例的调查对象比例相对较低。根据上述分析,现有指导性案例存在指导性案例的生成与法官实际需要不太契合的矛盾,法官实际需要的案例是对规范有深入理解,能够促使其在司法适用过程中启迪思维。而实际生成的案例大多是"以案释法"类型。换言之,不少案例跟法律条文的规定非常吻合,这虽然能够进一步强化对法条的理解,但是却不能丰富法条的内涵。可见,尽管法律规范仍然是裁判的主要依据,但"解决纠纷的职能所面对的是当事人和过去,充实法律规则职能所面对的

---

[1]　四川省高级人民法院课题组:《中国特色案例指导制度的发展和完善》,第120 页。

[2]　参见四川省高级人民法院课题组:《中国案例指导制度的发展与完善》,第126 页。

是一般社会大众和未来"①。因此,指导性案例的生成必须契合充实法律规则这一目的,只有这样在面对未来和社会大众时,指导性案例才有可能发挥指导作用。因此,我们很有必要从案例源头——案件上进行分析,细致推理法官从案件到指导性案例的生成过程,法官的认知、分析、判断具有决定性作用。

从案件到指导性案例的过程有两个关键的概念:发现的脉络和证立的脉络。发现的脉络是作出正确裁决的过程,他充斥着法官的"前见""法感""眼光的往返流盼"等各种诠释学上复杂因素的交融互动。而证立的脉络则关涉判断的证立以及在评价判断中所使用的评价标准。② 前者既是裁判正确性的过程,又是指导性案例的生成目的;后者则是生成标准,在下文会有所论及。

1.发现的脉络

成文法的缺陷是:一般规则对个别案件之局限,有限规则对无限客体之局限,模糊规则对确定事项之局限,稳定规则对发展事物之局限,刻板规则对丰富内涵之局限。③ 法律的特征之一就是具有普遍性,其目的是为了获得公平,但是正因为如此"法律常常在获得一般正义的同时丧失了个别正义"④。考夫曼认为,制定法的不完备是一种先验而且必然的结果,制定法不能也不可能完全涵盖所有各种无穷尽的案件。正如考夫曼所说,法律概念除了有少数数字概念的情形外,并不是明确的,没有抽象普遍的概念,只有类型概念和次序概念,在这些概念中没有非此即彼的关系,只有或多或少的关系。⑤ 例如,在刑法条文中能够有明确规定的,除了 14 周岁的刑事责任年龄或者追诉时效年限等规定具有无法改变的特征,其他的概念和内容都具有不确定性。这意味着,制定法的僵化与现实

---

① [美]迈尔文·艾隆·艾森伯格:《普通法的本质》,张曙光等译,法律出版社 2004 年版,第 8～9 页。

② 参见[荷]伊芙琳·T.菲特丽丝:《法律论证原理》,张其山等译,商务印书馆 2005 年版,第 1 页。

③ 董暤:《司法解释论》,中国政法大学出版社 1999 年版,第 89 页以下。

④ 徐国栋:《民法基本原则解释》,中国政法大学出版社 1994 年版,第 138 页。

⑤ [德]考夫曼:《法律哲学》,刘幸义等译,法律出版社 2004 年版,第 142 页。

的鲜活形成鲜明对比。因此,在任何司法解释的体制中,我们都永远无法自认为我们已经完全消除了解释者的个人尺度。在这些有关道德的科学中,并不存在任何完全取代主观理性的方法和程序。①

当一般规则与个别案件"面面相觑"时,规则或许会局促不安或许会强词夺理。因此,对僵化规则进行必要的"软化处理"是合理的选择,哈特对此有生动的描述:"不同的法律制度,或同一法律制度在不同时期,可能若明若暗地忽视或承认把一般规则适用于特殊时期时所作出附加选择的需要。"②简言之,如果我们把普遍性的法律当成精确的标尺,由于事物之间是无法整齐划一的,因此,所有事物被衡量时都会出现偏差。为了能准确衡量事务,裁剪事物以适应标尺显然不可能,唯一能做的就是把标尺的精准度进行适当变通——将规则进行必要的解释。换言之,就是如何让规范"舞动起来",不再是僵化的教条,进而使整个体系成为无论是横向还是纵向均平衡的有机整体。而且,依照方法论意义上的法律解释,法律解释的频率与法律规定的简单程度成反比,与社会生活变化程度成正比。因此,在我国发展进程越加快速的今天,法律解释肯定越频繁。因此,法律必须要进行解释。

因此,法律解释是司法过程中必须存在的一个环节,如果把法律的立、改、废作为立法质的飞跃,那么法律解释就是质变前量的积累。郑永流教授说:"无论'立法者'认为在逻辑上多么自洽和在内容上多么正确……(他所创设的)只是一个法律总谱,一个先行描述划出的法律蓝图。……总谱仰仗演奏,蓝图尚待施工。一方面,因为解决了法律所谓的理论不等于回答了如何应用法律,理论不能直接作用于事实,不能仅凭理论直接演绎地推出对事实的判断,何况从理论到事实有一个依时空而变的具体化适用过程。要完成这一过程离不开方法的规则性指导。另一方面,也是更要紧的,由规范到事实的具体化不是按图索骥,……法律的具

---

① 梁迎修:《法官裁量权的法哲学思考》,载《人民法院报》(理论版)2009 年 6 月 2 日。

② [英]哈特:《法律的概念》,张文显译,中国大百科全书出版社 1996 年版,第 129 页。

体存在形式,法律者将如何言说,总是存在于应用之中。实质上,法律应用还在于造就新的法律,指向所谓正确的法律,正是这一点,体现出法学的实践品格,导致了从预设法律观向应用法律观的转变。"①总之,法律适用时需要进行解释是不容置疑的。具体而言,一个刑事司法过程中,法律解释者首先需要对文本中的含义进行解释,同时还需要对案件事实进行裁剪以找出解决的合理方案,因此,法律解释的对象不仅有文本还有事实以及二者之间的逻辑关系。陈金钊教授认为解释者是建构文本与事实之间关系的桥梁或中介,法律与事实不可能自动结合。法律解释就要在法律与事实之间的目光往返中建构裁判规范。② 而且,如果仅仅把法律解释看成是说明条文字里行间的意义的注脚,那么法律解释只是某种文字性工作。因此,从解释的层面来看,一如苏力所说:"司法中所说的法律解释其实并不限于对法律文本的解释,甚至主要不是对法律文本的解释。法律解释主要出现在疑难案件中,而且整个适用法律过程或法律推理过程都为法官概括为'法律解释',其中包括类比推理、'空隙立法'、裁剪事实、术语的重新界定,甚至'造法'。"③因此,司法解释的主体、客体和内容范围都很广泛。由此可见,规范的适用是存在障碍的,表现为不同人对同一规范有不同解读,亦或是对有缺陷的规范解释得没有缺陷。通常,刑法的解释方法有文义解释、语境解释、缩小解释、扩大解释和历史解释等形式。④ 而且对这些解释方法的阐释著述颇多,本书无意突破原有内容,但无论上述哪种形式皆为了实现刑事司法的公正。

2.证立的脉络

对于任何一个案件来说,都可能存在可供选择的裁判结论,但最好的裁判结果一般情况下只会有一个,公布的案例理应是法官所寻求的最好的裁判结果,但这个最好的裁判结果需要法官综合考量不同时空下的公

---

① 郑永流:《法学方法论》,载《法律思想的律动》,吉林大学理论法学研究中心编,法律出版社 2003 年版,第 46 页。

② 陈金钊:《法律解释的基本问题》,载《政法论坛》2004 年第 3 期。

③ 苏力:《解释的难题:对几种法律文本解释方法的追问》,载《中国社会科学》1997年第 4 期。

④ 王作富主编:《刑法》,中国人民大学出版社 1999 年版,第 12 页。

共政策、社会价值观和常识、常情、常理的差异。指导性案例是法官在审理案件的过程中形成的,对于法律个别规范的缺失,法官在具体案件中需要进行法律解释(广义上的)来加以弥补。换言之,是将其置于一个法秩序整体之下,通过正确的思维和合理的技巧弥补个别规范的缺失。对此,笔者认为,这里的指导性案例与其说是法律存在的不严密而导致的所谓规范缺失,毋宁说是法律对于社会生活的丰富多彩,难以随时灵活地对社会进行及时有效的调整,而是需要法官通过具体案例对法律提供合理的解释,并据此作出判决,进而以该判决所积累的司法智慧表达引导同类案件的裁判。但是,进行解释只是一个方面,如何让判决的证立以及在评价判断中所使用的评价标准——证立的脉络得以清晰,是判决成立的另外一个问题。正如我国台湾地区张钰光博士的博士论文《法律论证结构与程序之研究》所说:"法官的审判活动并非在于认识、宣示立法者的决定。判例的课题,特别要求将虽内在于合宪的法律秩序内,但未表现或仅为不完全表现于实定法文本中的各种价值表象,有意识地通过评价的认识作用而使之清晰,且于判决中实现。……,所以,判决必须给予合理的论证。"①因此,法律论证要求法官把内心形成的推理与判断用层次清晰、逻辑严密的文字进行表述,以实现达到内心确认的裁判规则和裁判结果。从上文的调研可以看出,法官对指导性案例的需求通常是法律多解时寻求解答,因此指导性案例的生成需要法官证立他对法律规则作出的解释,以寻求判决的合理性和可解释性,进而对其他案件产生指导。法律自身有其价值性,当然司法不是排斥其他价值,而是法律外的价值进入司法需要经过认真的论证。② 正如博登海默所说:"当法官在未规定案件中创制新的规范或废弃过时的规则以采纳某种适时规则的时候,价值判断在司法过程中会发挥最大限度的作用。"③

---

① 张钰光:《法律论证结构与程序之研究》,台湾辅仁大学法律研究所 2001 年博士论文,第 1~2 页。
② 陈金钊:《为什么法律的魅力挡不住社会效果的诱惑——对法律效果和社会效果统一论的反思》,载《杭州师范大学学报(社会科学版)》2012 年第 2 期。
③ [美]博登海默:《法理学:法律哲学与法律方法》,邓正来译,中国政法大学出版社 1999 年版,第 503 页。

　　论证要以对事实进行充分评估为导向。例如[①]，德国联邦最高法院审理的出于自利的妨害司法行为的可罚性问题。《德国刑法典》第 254 条第 4 款规定，妨碍司法者如果是因为意在免于使自身遭受刑事处罚的话，应当免于刑罚。在该案中，被告人为一起纵火案的犯罪嫌疑人作了虚假的不在场证明。后查实，被告和嫌疑人在纵火行为实施前就达成了为后者作不在场证明的合意，以此种方式为后者纵火提供心理上的支持。德国地方法院依据《德国刑法典》第 258 条第 4 款的规定，判定最后发生的不在场虚假证明无须承担刑事责任，其理由在于被告有保护自己免受刑事处罚的意图。上诉法院肯定了这一判决，但最高法院改变了裁判结果转而认为不适用《德国刑法典》第 258 条第 4 款的规定。地方法院和最高法院发生分歧的原因在于对推论规则的理解。本案推论分为二级，第一级推论层面上，双方都确定"旨在使自己免受刑事处罚而作虚假不在场证明"从而推导出"自利的妨害司法行为"。在第二级推论层面，地方法院认为"意在免于使自身遭受刑事处罚而作虚假证明"，但最高法院认为"达成虚假不在场证明合意之始旨在使自己免受刑事处罚"。在该案中，地方法院认为行为人之所以作虚假证明是为了让自己不受刑事处罚，这似乎与第 254 条第 4 款规定的妨碍司法者如果是因为意在免于使自身遭受刑事处罚的话，应当免于刑罚的规定吻合。但最高法院看问题的角度不一样，他们认为行为人在与他人达成虚假证明之时已经意在使自己不受刑事处罚。而出于自利的妨碍司法行为之所以免除处罚是防止司法活动中自己处于不利，类似于防止"自证其罪"（不一定准确）。但行为人既然在事前已经与他人达成合意，其已经有意识地行使妨害司法行为，就不再纳入自利的妨害司法行为免除处罚的范畴。

　　语境学观点需要发挥作用，所谓语境学观点是指特定语境下对词语进行修正以符合刑法目的。即推论规则的规范性，要求语词运用情境与该语词运用条件一致。因此，当两类事物间存在或紧密或宽泛的关联性，但语词运用的环境不同，从而却无法将其划归为法律上的相似物。例如在自然保护区中射杀一只藏羚羊与在畜牧场宰杀一只食用山羊是有本质

───────────

　　① 参见雷磊：《类比法律论证》，中国政法大学出版社 2011 年版，第 152～153 页。

区别的。正如有学者所言,"一个词的通常的意义是在逐渐发展的,在事实的不断出现中形成的,因此,当一个看来是属于某一词的意义范围内的事物出现时,它好像就被自然而然地收纳进去了。这个词语的词义会逐渐伸展、逐渐扩展,直到人们根据事物本身的性质将应归入这个词名下的各种事实、各种概念都包含进去"①。比较典型就是著名的"李某组织卖淫案",行为人系南京某演艺吧业主,为了盈利,采取张贴广告等方式招聘男青年做"公关人员",并实行企业化管理,指示刘某等人等李某经营的酒吧将这些男性"公关人员"介绍给男性顾客,由男性顾客将这些"公关人员"带至商务酒店从事同性卖淫活动。法院认为,李某以盈利为目的,招募、控制多人从事卖淫活动,尽管李某辩称刑法及相关司法解释对同性之间的性交易是否构成卖淫未作明文规定,而根据有关词典的解释,卖淫是"指妇女出卖肉体"的行为,故李某的行为不构成犯罪。但组织他人卖淫中的"他人",主要指女性,也包括男性,因此,李某的行为已经构成组织卖淫罪。最高人民法院指导性案例的裁判理由支持了主审法院的观点,认为,"卖淫"就其常态而言,虽指女性以营利为目的,与不特定男性从事性交易的行为,但随着时代的变迁,卖淫的形式和内容有极大的丰富,加之相关词典尤其是非专业性词典对刑法用语解释的滞后和内容的空缺,以词典的解释代替刑法用语极不妥当。因此,结合现实语境,卖淫的刑法解读应该是:以营利为目的,向不特定人出卖肉体的行为,故法院裁判正确。② 具体就本案而言,对象的关联性非常明显,"卖淫"这一用语在通常情况下是指"妇女为营利目的出卖肉体的行为",但随着社会的发展词语语境是可以修正的。时至今日,"卖淫"的行为类型和对象都发生了变化。"卖淫"既包括妇女向男人卖淫,也包括男人向女人卖淫,以及男男之间和女女之间的出卖肉体行为。又如对"死亡"用语的考察,这是一个对法学、医学、人类学都有重要意义的词语。通常,公众所理解的"死亡"就是呼吸停止、身体功能衰竭等,而医学上所认同的"死亡"则是以脑死亡为判断的

---

① [法]基佐:《欧洲文明史》,程洪逵等译,商务印书馆1998年版,第7页。
② 最高人民法院刑一等庭:《中国刑事审判指导案例》(1999—2008年分类集成第4卷),法律出版社2008年版,第294~296页。

基点,但是,对文学上来说,"死亡"概念又有不同的注解,如"有的人活着,但已经死了",这里的"死亡"又是精神意义上的。因此,对象关联度意味着:同一个词语在不同的语境中有不同的意义。只有当符合词语运用的条件时,该词语才具有实质意义。例如①,《德国刑法典》第 241 条第 1 款规定"威胁罪",其构成要件为行为人对被害人之亲人构成了威胁。一位来自越南的女移民与当地社会救济管理局的一位职员发生口角,她诅咒对方的孩子病死。但她当时并不知道这位职员没有孩子。初审法院与地方法院依据《德国刑法典》第 241 条第 1 款规定,判定被告人构成威胁罪。法院认为,被威胁之"亲人"并非必须是实际存在的,只需威胁人主观上这样想象即可。而联邦宪法法院有不同认识,认为上述解释已经逾越了亲人这一概念的词义界限。初审法院与地方法院对"亲人"这一语词的运用不符合法律适用的实际条件——实际存在的活生生的人。因此,词义论证中,在遵守事实上的界限的同时,同一语词由于所处环境不同所涉对象的范围可以修正。

第二节　生成刑事指导性案例的制度路径

　　"为总结审判经验,统一法律适用,提高审判质量,维护司法公正"这是写在《规定》前言的内容,也是人们对指导性案例所起作用的描述。一直以来,在"宜粗不宜细"思想的指导下,我国立法工作总体来讲相对滞后,现有法律条文的规定比较原则和笼统,与现实需要存在一定的差距,导致适用时法官有时候会出现要么不知所措,要么肆意妄为的局面。因此,合理的结论是:作为对现实需要的积极回应,指导性案例是"司法能动"的产物,即当司法机关发挥司法能动性时,它对法律进行解释的后果

---

① 参见 BVerfGR, in Neue Juristische Wochenschrift1995, S. 2776～2777,转引自雷磊:《类比法律论证》,中国政法大学出版社 2011 年版,第 160～161 页。

更加倾向于回应当下社会现实和社会演变的新趋势。[①] 而指导性案例是应对法律僵化和立法空白的有效措施和长效路径。可见,审判与刑事指导性案例关系重大。

一、审判机关与刑事指导性案例

理论上来说,指导性案例会使我国司法场域中成文法与非成文性案例并存,一明一暗并行不悖,共同推进司法公正。然而,尽管理想画卷如此美妙,但指导性案例生成与适用时所隐藏的某些杂音还是构成了司法大合唱的不和谐音符。首先,指导性案例的作用首先是"总结审判经验",其次才是"统一法律适用",从字面含义来讲,指导性案例是通过对典型性案例的收集,将这种体现法官智慧的文字,通过统一方式予以发布,以对法官审理同类案件形成指导作用。既然是指导,这就意味着指导性案例的援引不是具有强制性的。然而,《规定》第 7 条明确要求各级人民法院审判类似案例时"应当参照"[②]。"应当"这种严厉措辞似乎又表明指导性案例具有强制执行力,那么,究竟如何看待"应当参照"值得研究。对指导性案例适用时"应当参照"的理解,最高法胡云腾主任的观点比较有代表性,他认为,在我国法律体系中,行政诉讼法意义的"参照"是指当没有法律规定时可以参照规章执行,即该"参照"是成为裁判依据的意思。而规定中的"参照"意思绝对不同于行政诉讼法意义上的,原因在于指导性案例制度本身就是一种统一司法裁判的工作机制。因此,基于我国宪政制度的考虑,将先前的判决作为有实际拘束力的法律规范来看,于法无据,所以,指导性案例在司法运用中只能定位为指导,体现在法官履职过程中,形成内心确认时,对法官裁判同类或者类似案件时产生影响。因此"指导"旨在参照、示范、引导、启发和规范等含义。[③] 根据这一理解,指导

---

① 李仕春:《案例指导制度的另一条思路——司法能动主义在中国的有限适用》,载《法学》2009 年第 6 期。

② 参见《最高人民法院关于案例指导工作的规定》第 7 条。

③ 胡云腾:《〈关于案例指导工作的规定〉的理解和适用》,载《人民司法》2011 年第 3 期。

性案例的拘束力表现为内在的、事实上的。进一步,由于指导性案例表现为非规范性的指导,这为其被随意适用留下了空间。换言之,如果指导性案例的普及率并非如同司法解释那样具有普遍约束力,那么,参照案例本身就有很大的"自由裁量权",什么时候援引就成为很随意性的事情,指导性案例成了法官手中的木偶,想遵守就遵守,不想遵守就撇开。如果法官裁量时,对指导性案例持可有可无的态度,其结果必然是,指导性案例的作用或强或弱,或隐或显,背离了《规定》所欲达到统一司法裁判,维护社会公正的初衷。此外,指导性案例本身存在一定问题,这又让欲参考的法官无法真正确信能够引用这些案例。

(一)指导性案例适用障碍

一方面,通常,司法解释是最高司法机关自上而下对抽象条文法律适用问题进行相对具体的解读,而指导性案例是由下而上的通过具体案例阐释法理,因此,案例是来源于一线法官裁判的结果。另一方面,接触案件的一线法官是在鲜活的生活中表达着对法律的感悟,而立法和司法解释更多是一种应然层面的条文阐述,因此,不同于高高在上的立法者和司法解释者,一线法官往往最可能知道问题的症结,也最有可能通过案例对同类案件起到指引作用。然而,我国司法审判环境却无法使法官发出真正的声音,也无法使判决上升到具有指导性内涵和价值的高度。

1. 权力设置压制法官"越界"

作为马克思主义政党领导的社会主义国家,在我国的政治体制里,法院是国家治理体系中一个重要的机构,法院以及法官的政治性从新中国成立之初就保持着一种蓬勃的张力。这一点从马克思主义政党各种学说或者媒体宣传资料等各方面体现出来,其中,一个显著口号是"国家是一个阶级压迫另一个阶级的工具。法律是行使国家权力的一个工具"。因此,无论是暴风骤雨式革命或者运动取代法律,还是和风细雨的法律治理模式,无不体现中国法律和法律人群体的法律政治性。正如董必武同志在讲话中指出的,中国共产党是我们国家的领导核心……不能因为法院独立审判而对党的领导有所动摇。法院是在政法委领导下工作的,法院院长的任命是由当地党委决定的,法院工作人员(不仅仅是法官)中党员必须占绝大多数以保证组织的纯洁性。政治学习从进入法院之初的培训到每隔一个时段的以法院工作人员为对象的各类主题活动,从不间断。这一切无不彰显出法院和其他党委、政府甚至人大一样都是政治性极强的群体,整个群体行为走向或隐或显都围绕一个主题——"一切跟党走"。而在这样强调社会整体行为走向的浓厚政治性氛围里,上下级之间界限分明,由于不受干预的权力在下层官员中弥漫会损害整个国家和社会结构的稳固,因此,下级必须接受上级的常规的、全面的审查,并要对不符合上级要求的行为或者后果承担责任。因而不同层次的政治性群体均有一个共同的特点,那就是整个队伍形成了任务例行化和个体模糊化特征,因此,"独立的声音"是应当避免的,当然,这一规律也适用于法官以及法院。于是,国家成为政治活动的唯一舞台和政治效忠的唯一对象,如同其他的社会问题一样,法律问题也很容易消解为政治问题,法律与政策的关系是暧昧不清的,法律的主导依据是与契约论观念不相干的国家政策。然而,国家政策的变化比较灵活,会随着国家一段时间内任务的变动而有所侧重。当国家的目标是改善物质福利时,它的命令就是确立计划、分配任务等;当任务是改善精神福祉时,它的命令表现在指导恰当的行为和正确态度,或者举反例警示不良行为和不良倾向。[①] 与此相对应,法律的关注重点也有所不同。当然,这并不意味着国家可以突破罪刑法定的界限,而是意味着可以在这个疆域内尽可能地使法律与政策高度一致。而当面对法律问题或者争议时,具有任务例行化和个体模糊化特征的法官甚至法院由于不能也不想发出"独立的声音",他们的注意力都几乎集中在法律规定本身上,如犯罪构成要件事实的认定、罪名的选择等等,故而由此产生的判决结果是对法律适用本身的一般解释,然而,指导性案例的精髓却在于通过案例去创设规范或者准规范。这种仅仅停留在法律适用的一般层面的案例往往难以反映深厚的法律价值观和其内涵。

2.成文法背景下的法官忽视指导性案例

具体而言,通常法院工作人员组成分为几大块,包括其他行业转行(主要的是具有一定文化程度的教师)的、军队退伍军人、法学院的学生共

---

① 胡云腾:《〈关于案例指导工作的规定〉的理解和适用》,载《人民司法》2011 年第 3 期。

同构成了法院的主流群体,无论前两者的学历是什么程度,在法院号称是执法业务单位这样的背景下,法院工作人员的学历文凭必须达到一定程度是合乎情理的。其中,除了法学院学生接受正规法学教育外,其他人员则必须通过各种途径以达到这样一种学历要求,但无论法院人员的知识来源如何,这些知识无疑都建立在成文法系这样一种法律知识背景下,他们接受的教育都是条文化、规则化的法律理念、原则、制度。结果必然是注重制定法而视非成文法形式存在的案例为异类。正如学者所言,长期以来,法官甚至整个法律人群体所受熏陶都是制定法形式的法律和政策,模仿制定法的司法解释,或者是形式上类似于制定法的政策。[1] 因此,面对如何权衡"公正"所带来的不确定性,循规蹈矩的人们可能更愿意适用某种清楚明了,但有些强求一致的规范来解除自己的疑惑。进一步,这种明文规则熏陶下的法律人必然更多关注以规范形式出现的,对具有明确要求"……执行"字眼的法律文件分外上心。对不是法律,又不属于司法解释的指导性案例,由于没有强制性参照要求,也没有强制性学习任务,被法官忽视也就不难理解了。现实日益猛增的案件数对本已审判压力较大的法官来说,要对指导性案例进行精读,自己归纳其中的意旨,从效率角度来说往往不太现实,而且相当数量的法官也没有这样的业务水平和理论功底。[2] 当司法过程中出现争议时,很多法官仅仅将法律解释僵化地认定为是两高或者其他高级别机构所作的解释,而自己对法律的理解,通常被看作一般性的对文本的理解。因此,且不说实践部门及其法官是否能承担制定指导性案例的任务,但当他们面对出现或者可能出现的解释疑团时,必然会更多依赖上级的指示或者"纪要"等支持。这种传统的"懒惰",深深地熔铸在法官的裁判思维习惯之中。案例应用作为一种司法知识,具有独特的法学教育与培训模式。当前我国的法学教育与培训模式侧重理论传授、法律诠释、精密逻辑,是"倾向于一般的,而不是职业

---

① 张祺:《指导性案例中具有指导部分的确定和适用》,载《法学》2008 年第 10 期。

② 何震、魏大海:《案例指导制度建构中的问题》,载《国家检察官学院学报》2010 年第 3 期。

的训练",①一定程度上契合了理性主义与法条主义传统,但却疏远了司法实践,忽视事实发现、证据辨认、实践理性等问题较为突出。在此种模式下成长起来的法官,普遍习惯从法条和三段论中寻求结论,即法官们往往习惯立足于现有法律法规的明确规定,通过分析、演绎、推理等过程形成裁判结论,而对案例应用稍显陌生。绝大多数审判人员及诉讼参与人将疑难复杂案件作为参照适用案例动因的调查结果表明,审判人员及诉讼参与人尚未将参照案例作为首选,而是作为法律规定不明确等的"备选项目",尚未形成主动查找参照案例的习惯。32.74%的调查对象认为"实践中没有参照使用案例的习惯,周围同事也不参照使用案例"是影响参照适用案例的因素之一。② 总之,忽视指导性案例的惯性与中国司法审判的具体环境是分不开的,传统的成文法理念培养下的思维模式决定了法官对明确裁判规则的重视,而对缺乏指引的纯粹说理则往往有所忌惮,不敢随意适用,从而压缩了指导性案例的适用空间。

(二)刑事指导性案例的生成障碍

1.裁判文书完整说理机制的匮乏

我国由于是严格执行成文法,法院审理案件是按既定条文行事,审判基本上是用法律条文去套案件事实。这样,法官就成为法律的"自动售货机",其裁判文书往往千篇一律、僵硬死板,缺乏严谨的逻辑推理和详尽的法理分析,法官的真实水平也无法通过裁判文书反映出来。但是,在某种程度上说,判决书不仅是国家的权威活动,更是法律适用过程对公众期待的应答。判决书公之于众的目的在于:"向社会显示司法的公正,接受群众监督;对一般人进行法制宣传教育。"③指导性案例首先必须是案例,即从案件的裁判结果中选取的符合标准的案例成为具有指导意义的案例,而案例的表现形式通常是判决书。当前我国判决书的说理模式是:"原告诉称""被告辩称""本院查明""本院认为"四大块。其中,"本院认为"部分

---

① [美]格论顿·戈登·卡罗兹:《比较法传统》,米健登译,中国政法大学出版社1993年版,第46页。

② 参见四川省高级人民法院课题组:《中国特色案例指导制度的发展与完善课题报告》,载《中国法学》2013年第3期。

③ 何慧新:《刑法判例论》,中国方正出版社2001年版,第199页。

是整个裁判的精髓,是法官在对案件事实认定的基础上对法律适用作出的正当性价值论证。此外,假如存在某种类似案件的判例,法院对此类材料的处理方式,通常是作为证据列明,而对该证据的反驳和支持也在"本院认为"部分加以回应。这在刑事判决书制作方面表现得尤为明显。一直以来,刑事判决的说理存在很大的问题,表现在说理不充分、论证简单,有学者毫不客气地称判决书为"不讲道理的判决材料"。一般只用几页纸,证据是罗列的,查明的事实和说理都非常简单,而本应当作为核心部分的"本院认为"则通常是对事实和规范的简单对应,对法律争议基本不涉及,即使涉及规范选择的情形,通常不对选择某一规范而放弃另一规范进行说理,而对当事人提供的判例,其回应程度有多高还是值得怀疑的。因此,由于"本院认为"这一部分说理匮乏,缺乏使法官自己作出的价值判断正当化,使判决结果的可预测性大大降低。以刑事判决书为例,其结构通常为:事实部分、证据部分、理由部分。而理由部分绝对是相当薄弱的环节,对行为的定罪法官的论证一般是以构成要件为常规套路,但由此产生的推理过程并不严密。如:行为人在交易大厅通过偷窥和推测的方法获得在该营业部开户的其他人的股票账号及交易密码后,利用电话等委托方式在受害人的账户上高买低卖某一股票,同时通过自己的账户低买高卖同一股票,从中获利。从这一情节中判决书可以认为:被告通过窃取他人账户、密码的方式,以操控自己股票的涨幅,构成故意毁坏财物罪。这种只注重创制规则而不说明理由的典型案例很难起到普遍的示范作用,法律理性依然不能借此得到透彻的司法阐释,法官的执法水平与社会期望之间的差距,很难另寻途径有所拉近。其结果必然是,判决书结构的不合理导致恶性循环产生。一方面,造成判决说理匮乏的结论,从而无法论证出深刻法理,这样的裁判文书则缺乏真正的灵魂,而这类缺乏灵魂的案例无法成为指导性案例;另一方面,由于不是规范性文件,也没有强制学习任务,名义上具有"事实约束力"的案例能够被法官重视的程度有多高是值得回味的。

2.指导性案例选取机制有缺陷

张千帆教授尤其注意到目前对"先例"的挑选和确定等做法仍然带有比较浓厚的行政色彩,而且司法实务部门似乎自然比较侧重于便利和速度的考虑,因而现在还不敢说判例制度在国内的施行不会走样以及是否会导致始料未及的后果。① 换言之,什么样的指导性案例才能真正发挥指导作用,使司法裁判过程适用指导性案例时尽量消减行政化倾向和法律宣传意义,这才是整个制度运作的核心问题之一。指导性案例选取的依据含糊,根据《规定》对指导性案例的选取标准的规定来看,首先,"指导性"本身是"指导性案例"的强调和重复。而指导性案例选取标准中,《规定》第 2 条所列举的五方面条件应当同时满足亦或是只要满足其一就可以,也并不清晰。尽管该条第 5 项规定"其他具有指导作用的案例",从该表述似乎可以推断出只要满足其中之一的案例,可能就符合"指导性"的标准,然而问题依然存在,因为该条第 1 项到第 4 项之间的四个条件之间并非并列关系,有些具有交叉,有的甚至是同一个条件不同层面的表述。如《规定》第 4 条规定,指导性案例的选取标准有"社会影响巨大的",客观地说何为"社会影响巨大"是个很不好把握的标准。如果要从民众的知晓程度以及新闻媒体的报道和参与度来讲,号称"法治标本"的许某案算是"社会影响巨大"了,但许某案真的能成为指导性案例吗?许某案争议最大的一点在于许某是否应该被判处重刑,由于最高法的司法解释明确规定盗窃 3 万~10 万元以上就属于"数额特别巨大",对于法官来说,绕过司法解释进行判决明显具有很大风险,也许法官本人也会觉得量刑偏重,但出于对司法解释的尊崇,许某被判处无期徒刑。判决出来后舆论哗然,认为判决不公。上级法院迫于压力将案件发回重审。原审法院无奈,挖空心思寻找出路,各路专家也纷纷出谋划策,最后大家共同的方案是找到了《刑法》第 63 条第 2 款特殊"减轻处罚"这根救命稻草。② 客观地讲,《刑法》第 63 条第 2 款这一特殊条款的存在合理性一贯受到质疑,而由此产生的许某为什么从无期变更到 5 年有期徒刑的减刑理由非常牵强。

王某才故意杀人案的指导精神是:"王某才故意杀人案旨在明确判处死缓并限制减刑的具体条件。该案例确认:中华人民共和国刑法修

---

① 张千帆:《再论司法判例制度的性质、作用和过程》,载《河南社会科学》2004 年第 4 期。

② 陈兴良:《许某案的法理分析》,载《人民法院报》2008 年 4 月 1 日。

正案（八）规定的限制减刑制度，可以适用于 2011 年 4 月 30 日之前发生的犯罪行为；对于罪行极其严重，应当判处死刑立即执行，被害方反应强烈，但被告人具有法定或酌定从轻处罚情节，判处死刑缓期执行，同时依法决定限制减刑能够实现罪刑相适应的，可以判处死缓并限制减刑。这有利于切实贯彻宽严相济刑事政策，既依法严惩严重刑事犯罪，又进一步严格限制死刑，最大限度地增加和谐因素，最大限度地减少不和谐因素，促进和谐社会建设。"而王某才故意杀人案的裁判要点是："因恋爱、婚姻矛盾激化引发的故意杀人案件，被告人犯罪手段残忍，论罪应当判处死刑，但被告人具有坦白悔罪、积极赔偿等从轻处罚情节，同时被害人亲属要求严惩的，人民法院根据案件性质、犯罪情节、危害后果和被告人的主观恶性及人身危险性，可以依法判处被告人死刑，缓期二年执行，同时决定限制减刑，以有效化解社会矛盾，促进社会和谐。"[①]对该案例而言，被害人家属反应强烈，但裁判要旨认为因为"婚姻、恋爱"等原因造成恶性事件，由于被告人坦白且积极赔偿就可以判处死刑缓期执行，这本身就很令人费解。因为如果不管被害人家属怎么反对，被告人积极赔偿且坦白就成为死刑缓期执行的原因，那么任何死刑案件都可以这样得到类似的处理结果，本案的指导性意义就在于被告人积极的态度，这多少让人觉得理由不太充分。因此，由于本身成立基础的薄弱，这样的案例成为指导性案例会有多少法官敢于引用就很成问题。[②] 所以，有学者直言"从最高人民法院公布的判例来看，有创设性的判决不多，多是对疑难案件的批复，体现着更多的政策性、指导性。更主要的是判决理由不详、推理不严，使胜诉者有侥幸之感，使败诉者有难服之处"[③]。由此可见，编发案例的实践与理想中的案例编发存在一定错位。

当下，由于指导性案例适用效力的非强制性，其所处的尴尬地位是法

---

① 参见最高人民法院公布的第一批指导性案例第四号。

② 笔者曾经对最高人民法院发布的这四批案例的指导性问题问过一些同事，普遍的观点是"这四批指导性案例指导性并不强"。

③ 许国鹏：《加强判例研究　实现法治理想》，载《当代法学》2000 年第 5 期。

官率性参照,当有利于我者我就援引,当不利我者则以成文法有规定加以排除。可见,指导性案例在总结审判经验方面还是达到了某种效果,但远远没有起到统一司法适用的作用。指导性案例被忽视的原因,很大程度上在于在我国现有的司法审判环境里,其选取机制以及适用机制为法官"遗漏"留下了很大空间;而当法官面临压力或者司法适用时规则的僵化和空白,为了逃避责任或者为了自身安全的前提下,指导性案例又被积极适用。尽管后面这种情况在形式上表现出指导性案例被积极援引,而确实起到了"指导"作用,但实质上更多成为法院及其法官逃避责任的"备选动作"。就其被骑墙的原因,指导性案例的核心在于法官通过司法适用从而个案解释法律,并通过这些个案将法官的惯性思维留用,以指导对同类案件的处理。然而,现实是法官无法做到个案解释法律,且不说无法真正产生指导性案例,即使由最高审判机关根据一定程序制定了相应的指导性案例,其实质无非是以前"个案批示"的具体化和制度化,无法体现指导性案例设置的初衷,如何通过指导性案例将法官积极的审判思维以文字的形式固定下来,使其真正成为法官裁量的重要参考资料,还有很长的路要走。

二、以审判为中心生成刑事指导性案例

我们知道,刑事指导性案例在生成和适用过程中存在一定的障碍,而这些障碍与审判是息息相关的。指导性案例既然要成为具有指导性的,必然是少而精而非多而杂,离开审判机构就无法实现这些内容。

(一)案例的选用机制

1.内部遴选

由于裁判规则的形成是从法官的判决理由中提取,故而有学者建议建立指导性案例的培育机制。首先,是在立案或者开庭前就对具有典型性或者代表性的未决案件提前关注,并配备业务素质高的法官组成合议庭,有针对性地对案件事实认定、适用法律和量刑进行预期调研。其次,各级法院案例工作机构应当对推荐报送的案例进行全面审查。即先对推荐候选指导性案例进行形式审查。推荐候选指导性案例除提交案件所有

审级裁判文书(原件或者复印件)外,还应当同时提交纸质及电子文本形式的推荐材料。推荐材料应当包括案例标题、裁判要点、推荐理由、基本案情、裁判理由及结果、相关法条、推荐单位或者推荐人、联系方式等内容。推荐材料不符合要求的可以直接修改,也可以要求推荐单位或者推荐人修改完善。然后对推荐候选指导性案例进行实质审查。案例工作机构应当根据裁判文书和推荐材料,主要围绕案件是否符合指导性案例的条件开展,对被推荐案例的事实、法律适用、审判程序、裁判效果以及指导意义等进行重点审查。必要时应当查阅卷宗、询问原审法院及审判人。二是各级法院案例工作机构应当精心制作案例审查意见书。案例审查意见是提交审判委员会讨论的重要材料,其质量决定着审判委员会的讨论效率。我们认为,案例审查意见应当包括拟提交审判委员会讨论的案例标题、裁判要点、推荐理由、基本案情、裁判理由、相关法条等内容。其中,裁判要点、基本案情、裁判理由等内容应当从终审裁判中归纳提炼,特别是裁判要点的提炼,应当着重体现案例在裁判规则、裁判方法、法律思维、司法理念等方面的指导价值。最后。审判委员会主要围绕法律适用与指导价值进行讨论。审判委员会的讨论效率还取决于编审人员对案例的汇报质量以及审判委员会的讨论重点。我们认为,案例工作机构的编审人员在汇报时,应当主要围绕裁判要点、推荐理由汇报案例的指导性,同时简要陈述基本案情、裁判理由与结果。以四川高级人民法院审判委员会讨论通过的"成都高新技术产业开发区人民检察院诉张某、唐某盗窃案"为例,本案的裁判要点为"根据《中华人民共和国刑法修正案(八)》第六条的规定,行为人犯罪时不满十八周岁,不构成累犯。'犯罪时'既包括犯前罪也包括犯后罪。如果行为人犯前罪时不满十八周岁而犯后罪时已满十八周岁的,同样不构成累犯"。在汇报过程中,编审人简要陈述了犯盗窃罪的基本案情,着重汇报了被告人唐某曾因犯抢劫罪被判处有期徒刑六个月,刑满释放后五年内再犯盗窃罪,其前罪犯罪时未满十八周岁,犯盗窃罪时已满二十一周岁的重要事实,实务界或学术界对"不满十八周岁的人犯罪"不构成累犯的争议与分歧,以及推荐理由、提炼的裁判要点。而审判委员会则侧重对法律适用是否正确、是否具有指导意义进行讨论,实质上类似于西方国家终审法院对案件的"法律审"。在该案中,四川高级人民法院审判委员会对"不满十八周岁的人犯罪不构成累犯"中"犯罪"是否包括犯前罪,将"犯罪"理解为包括犯前罪是否符合立法原意或法律意义和目的等问题进行了讨论。在讨论过程中,编审人还要负责回答审判委员会委员的提问。此外,需要澄清的是,地方各级人民法院经审判委员会讨论决定的候选案例在报送上采取"层报"(即逐级报送)方式,但不要求逐级经审判委员会讨论决定,仅高级人民法院才对本辖区内已生效裁判须报经本院审判委员会讨论决定,中级人民法院审判委员会无须对基层人民法院报送的案例进行讨论决定。

2. 指导性案例的外部推荐

《规定》将指导性案例的推荐主体扩展到人大代表、政协委员、专家学者、律师,以及其他关心人民法院审判执行工作的社会各界人士。其本身用意是良好的,期望依靠社会各界力量,从多个途径遴选新型、疑难、复杂、重大、典型的案例,从而能够形成多层次、全方位的案例推选机制,以更好体现司法的民主性,有效地推进案例指导工作。然而,无论怎样从外面推荐,要实现判决到指导性案例的转变,必须依赖于法院和法官对案例的基础性工作。换言之,其他的法律共同体成员甚至社会各界对案例具有发现功能,但是否每个社会成员认定的判决都能成为指导性案例是个问题,暂时抛开其他民众的法学素养和背景,如何构建一个外部推荐的有效机制,依旧是值得思考的。首先,其他社会人士如何与司法机构沟通;其次,以什么样的形式沟通,在案件判决之前就设定指导性案例的拟定,是否有干涉司法之嫌。而其后的推荐,是否又如同某类司法意见一样,被置于可有可无的地位。由此可见,指导性案例的外部推荐过程中,外部力量如何要更好的发挥推荐作用,值得思考。而且从《规定》对案例的遴选标准来看,第 1 项明确规定案例属于人民群众反映强烈或社会普遍关注的类型。这类案件社会关注度高,案例的出台可以体现审判工作对于社会普遍价值的认同。但对《规定》要求的其他几项,包括案件疑难复杂、适用属于法律规定较为原则的等等内容,无非是同一问题的不同层级表达。此外,社会推荐的书面材料要求不能完全参照执行法院内部推荐,譬如人大代表、政协委员、专家学者、律师以及其他社会各界人士提供候选指导性案例裁判文书确有困难的,可以不提交裁判文书,但应当提供作出生效裁判的原审法院、案由、案号、当事人基本情况等案例线索。

(二)完善奖惩激励机制

指导性案例要实现制度化,必须保证指导性案例得以被遵守。而被遵守的前提在于两方面:一方面案例本身有指导意义;另一方面还需要强化监督,毕竟内心自省更多属于道德范畴。为此将指导性案例的适用情况纳入法院审判监督的范畴未必不是可行的办法,因为无论指导性案例被滥用还是"流于形式"都会有相应的考核机制加以评判,进而让指导性案例的"软效力"得以落实。在以往的案例实践中,最高人民法院只注重编发案例,但疏于考评。建议各级人民法院建立定期通报制度,由最高人民法院定期通报各高级人民法院候选案例的报送和采用情况,上级法院定期通报下级法院候选案例的报送和采用情况。同时,将通报的案例报送和采用情况纳入上级法院对下级法院的年终评比、各级法院对审判业务部门的岗位目标考核,其中案例采用情况以学术成果的形式作为年终评比或考核的加分项。这样客观上起到了督促与激励作用,案例推荐报送数量与质量会得到极大提升。此外,还可以将案例报送和采用情况纳入各级法院对审判人员的绩效评估。而且,也应当给予指导性案例的推荐报送人物质奖励的比例,各级法院可以建立稿酬制度,对被采用案例的编写人给予一定稿酬,在上级法院给予稿酬的同时编写人所在单位也配发一定倍数奖金,从而在实际效果上激励案例生成。

(三)需要控辩双方的参与

刑事指导性案例的生成,不能离开控辩双方的智力支持,"闭门造车"似的案例生成只能成为无本之木、无源之水。下面从一个案例来分析控辩双方的交锋为案例的生成所发挥的积极作用。

案例:孟某超医疗事故案。[①] 被告人孟某超系具有行医资格和执业资格证的个体医生。其在某医专学习期间,某教授传授其一则治疗腰、腿疼等风湿药的民间秘方,用于临床具有一定疗效。孟某超在行医期间,未经国家卫生行政部门批准,即按该药方配制成胶囊给患者服用,未见不良

---

① 最高人民法院刑一庭:《中国刑事审判指导案例》(1999—2008年分类集成第4卷),法律出版社2008年版,第149~152页。

反应。后村民孟某等二人因腰疼到孟某超处治疗,后者为其开具了上述胶囊,服用后称有效,孟某超遂加大剂量让二人服用,后二人均出现中毒症状,孟某超闻讯后采取了相应急救措施,一人脱险,一人经抢救无效死亡。经鉴定,死者生前患有高血压、冠心病,因服用了孟某超配制的含有超量"乌头碱"的胶囊中毒而亡。当地检察院以孟某超生产、销售假药罪提起公诉。在该案中,检察院认为孟某超未经国家卫生行政主管部门批准,自行配制含有"乌头碱"的有毒药物,是假药,且其明知可能危害患者健康,而采取放任态度,造成患者中毒、死亡的严重后果,已经构成生产、销售假药罪。被告律师认为,被告人利用民间秘方,配制胶囊为患者服用,意在为患者治病,并希望取得治疗效果。假设本案没有相关制定法可以适用,只有两个案例可供指导。其一为已取得医疗资格证和职业资格证的个体户以穿心莲片假冒三金片而生产、销售的行为构成生产、销售假药罪。判决理由认为,尽管穿心莲无毒,但患者就此延误病情,可能造成严重后果,故以生产、销售假药罪定罪处罚。其二是患者发热自行到诊所输液,不见起色后到医院住院诊治,医院治疗后抢救无效死亡。查明事实后发现医生并不存在重大过失也没有不积极治疗的情形。法院判决患者死亡与诊疗行为没有因果关系。①

公诉机关认为本案类似于用穿心莲冒充三金片的情节,并希望说服主审法官遵循前一个生产、销售假药罪案例,判决被告行为构成生产、销售假药罪。具体而言,检察院会提出,指导性案例中行为人以假冒三金片

---

① 案情如下:赵某因发热在个体诊所输液,未见好转,遂到县医院住院诊治。入院诊断为:发热待诊。医生给予治菌必妥以及其他对症治疗,不久患者突然呼吸、心跳停止,抢救无效死亡。尸检报告:心肌炎、心力衰竭。由于本案中医生不存在重大过失。因为医务人员严重不负责任的情形往往是指有推诿、不予理睬、不积极采取措施等严重不负责任的行为,本案医院没有上述行为,其对患者的诊疗态度积极,表现在及时收治病人,并给予了积极的救治措施。加之,患者的死亡属于疾病自然转归的结果,患者死亡与医疗行为没有直接的因果关系,医疗行为存在的过失仅限于"轻微"责任。因此,被告人的行为没有"严重不负责任"并"造成"患者死亡,不属于《刑法》第335条规定的医疗事故罪的情形,不构成医疗事故罪。参见《从一起案例看医疗事故罪法律适用中的几个关键》,http://china.findlaw.cn/yiliao/ylsgal/atylsgal/40623.html,访问日期:2013年12月13日。

出售,尽管穿心莲无毒,但也会贻误病人的诊治,造成被害人的可能的危害。检察院会举出这样的案例:行为人具有行医资格,在诊疗过程中不存在重大过失,即使造成了严重后果,医疗行为存在的过失仅仅限于"轻微"责任方不对诊疗的严重后果承担责任。而本案行为人孟某超明知没有经过国家权威部门检测和认可的且药方也不是指定机构所给予,更谈不上符合国家标准的胶囊给病人诊治,对病人服用胶囊的后果有认识的可能,并事实上造成了被害人死亡的后果,就应当承担生产、销售假药罪的后果。对此,主审法官面临的问题是穿心莲假冒三金片、无重大过失的医疗行为、适用无国家批准的胶囊的医疗行为的比对。显然,法官更倾向于本案类似于穿心莲假冒三金片的行为。被告律师显然也举出一个例子来论证法官应当引用不构成刑事责任的类比。例如,行为人生产假药以低廉的成本获得高额的利益,危害消费者的权益,构成生产、销售假药罪。法官就会面临低廉成本的高额回报的假药生产和销售行为、无重大过失的医疗行为、使用无国家批准的胶囊的医疗行为的比对。对此,法官就更倾向于无重大过失的医疗行为的类比。因此,在案件的审判中,交锋双方总是试图通过自己所处背景的变化来影响法官对于待决案件与先例之间相似性的判断。所以,不同言词者针对情境的不同,对两事物间表面特征上相似性的判断也会有相应差异。而恰恰这些过程是培养和体现法官智慧的重要表征,更有助于刑事指导性案例的生成。

结　语

　　刑事指导性案例制度化并非一朝一夕便可形成,可以说,其发展与完善的道路是"荆棘密布",尚有障碍需要去克服,尚有问题需要去破解。但是,作为刑事案例指导制度的基础性材料——刑事指导性案例本身存在的问题无疑是最需要解决的急迫问题。目前,我国的指导性案例无论生成路径以及质量都存在问题。如何防止刑事指导性案例"空心化""干瘪化"甚至"符号化"需要得到解答。因此,本书着力对刑事指导性案例的生成机制进行了研究,得出如下结论:

　　刑事指导性案例是特殊的解释、个案解释或者是对疑点和难点的解释,但无论何种界定,其旨在帮助法官得出合理结论,因此,刑事指导性案例是一种重要的分析工具。另外,刑事指导性案例填充和丰富了规范的内容,因为刑法规范只有通过个案事实,才能由抽象变为具体,由模糊趋向明确,进而逐步确定规范对事实的涵摄量,并在此基础上不断衍生出规范适用的经验规则。这一刑法规范经验规则的不断形成过程,也是刑事案例指导制度不断完善和发展的过程。

　　而既然作为一种刑事司法裁判的重要工具,指导性案例的功能必然与刑法的机能休戚相关。刑事指导性案例的生成过程中,必须将法益保护作为刑法评价的重点,这样的案例才能符合刑法的目的。通过告诉人们维护社会秩序所需要的基本良知,阐释出刑法的精神。而只有符合这样标准的案例才会被选中为指导性案例。具体而言,只有当行为侵害法益或者侵害法益达到一定程度的危险时,行为才能被定罪。而坚持法益侵害理念则必须以法益侵害说和结果无价值为基本立场。

　　生成指导性案例要求法官作出具有清晰脉络的推理，对需要形成指导性案例的案件的理解不能局限于形式要件的范围，只有上升到对法益的理解才能作出解答。当然，并非所有案件的考察必须建立在如此基础上，但恰恰由于指导性案例是对疑难案件的解读，而疑难案件是采取语义解释等解释方式都无法完整、准确地对规范进行合理阐释的案件。鉴于从语义解释到整体法益解释是个层层递进的思维过程，法益就成了必须考虑的因素。法益的因素虽然较为抽象，但是在整体法益的考虑下，很多具体的法律、规范以及用语就便于被更加深刻地理解。唯有如此，才能缩小现在逐渐扩大的犯罪圈。

　　然而，现阶段各种条件的限制使法益侵害原则在生成刑事指导性案例的指导性地位大打折扣。有些案例在入罪或者出罪方面，无论是通过传统的三段论演绎，还是"以刑定罪"的逆向思维下都没有提供规则，甚至在运用《刑法》第 13 条但书进行论证时，结论看似合理，但论证过程很难辉映出理性的光芒。这说明有些真正疑难的东西并没有形成指导性案例，相反，很多案例的生成是平衡各方利益以及基于特定时期刑事政策的结果。

　　刑事指导性案例的生成，就是将刑法适用活动作为刑事指导性案例的生存土壤，让立法无法覆盖或者没有清晰的地方进行阐述，将立法的开放结构变得封闭。为此，法官正确的思考和严密的逻辑推理是生成的前提。然而，在生成刑事指导性案例过程中，法官其实根据内心的道德标准外化为对事实的评价，尽管其形式上表现为依据规范作出表达，其间充斥着"法感"或者"司法前见"等因素，但归根结底体现道德支持下刑法规范独有的严谨性和法理人情的交融。当然，这些离不开审判机关的重要作用，作为程序性要件，案件的遴选和推荐必得有审判机构的参与。此外，尤其需要注意的是，刑事案例的生成不能离开法庭辩论，抹去或者淡化控辩双方的智力支持，裁判结果很有可能是"闭门造车"，也无法生成具有指导性的案例。

　　当然，刑事案例指导制度的构建还有很多问题得到进一步追问，如何防止案例选编的行政化、如何启迪法官思维、如何真正发挥审判机构的主导作用等等,本书都没有深入探讨。但是,作为生成刑事指导性案例的尝试,笔者还是期待通过写作为实践带来一些粗浅的思考。其实,没有人真心反对案例指导制度,而是担心现有体制下的变形。真心期待每一个指导性案例都融汇着法律人智慧的光芒,每一次案例的运用都辉映着公众对正义的期盼,每一项法律的更新都凝结着案例指导制度的积淀。

参考文献

一、著作类

（一）中文著作

1.韩忠谟：《刑法原理》，北京大学出版社 2009 年版。

2.苏力：《送法下乡：中国基层司法制度研究》，中国政法大学出版社 2000 年版。

3.徐景和：《中国判例制度研究》，中国检察出版社 2006 年版。

4.何慧新：《刑法判例论》，中国方正出版社第 2001 年版。

5.沈宗灵：《比较法研究》，北京大学出版社 1998 年版。

6.潘大维主编：《英美法导读讲义》，瑞兴图书公司印行民国八十四年八月。

7.黄茂荣：《裁判规范与现代民法》，中国政法大学出版社 2001 年版。

8.陈金钊：《法律解释的哲理》，山东人民出版社 1999 年版。

9.王泽鉴：《民法总则》（增订版），中国政法大学出版社 2001 年版。

10.李国如：《罪刑法定原则视野中的刑法解释体制》，中国方正出版社 2001 年版。

11.黄奇中：《刑法解释的沟通之维》，中国人民公安大学出版社 2011 年版。

12.林山田：《刑罚学》，台湾商务印书馆 1985 年版。

13.何秉松主编：《刑法教科书》，中国法制出版社 1997 年版。

14.董皞：《司法解释论》，中国政法大学出版社 1999 年版。

15.夏伟东：《道德本质论》，中国人民大学出版社 1995 年版。

16.张明楷：《法益初论》（2003 年修订版），中国政法大学出版社 2003 年版。

17.张明楷：《刑法的基本立场》，中国法制出版社 2008 年版。

18.张明楷：《犯罪构成体系与构成要件要素》，北京大学出版社 2010 年版。

19.张明楷：《外国刑法纲要》，清华大学出版社 2007 年第 2 版。

20. 张明楷:《罪刑法定与刑法解释》,北京大学出版社 2009 年版。

21. 张明楷:《刑法学》,法律出版社 2007 年第 3 版。

22. 冯亚东:《理性主义与刑法模式》,中国政法大学出版社 1999 年版。

23. 陈金钊:《法律解释学——权利(力)的张扬与方法的制约》,中国人民大学出版社 2011 年版。

24. 高铭暄主编:《中国刑法学》,中国人民大学出版社 1989 年版。

25. 高铭暄、马克昌主编:《刑法学》,北京大学出版社、高等教育出版社 2000 年版。

26. 高铭暄主编:《新编中国刑法学》(上、下册),中国人民大学出版社 1998 年版。

27. 高铭暄等主编:《中国刑法的解释》,中国法制出版社 2005 年版。

28. 马克昌主编:《近代西方刑法学说史》,武汉大学出版社 2008 年版。

29. 马克昌:《犯罪通论》,武汉大学出版社 1999 年版。

30. 马克昌著:《比较刑法原理——外国刑法学总论》,武汉大学出版社 2006 年版。

31. 陈兴良:《刑法哲学》(修订三版),中国政法大学出版社 2004 年版。

32. 陈兴良:《判例刑法学》,中国人民大学出版社 2009 年版。

33. 张文显:《法学基本范畴研究》,中国政法大学出版社 1993 年版。

34. 邓子滨:《中国实质刑法观批判》,法律出版社 2009 年版。

35. 梁治平:《法律解释问题》,法律出版社 1998 年版。

36. 赵秉志主编:《外国刑法各论》,中国人民大学出版社 2006 年版。

37. 赵秉志主编:《刑法论丛》(第 18 卷),法律出版社 2009 年版。

38. 刘凤景:《判例的法理》,法律出版社 2009 年版。

39. 李猛主编:《法律与价值》,上海人民出版社 2001 年版。

40. 葛洪义主编:《法律方法与法律思维》,法律出版社 2011 年版。

41. 郑成良、杨力等主编:《司法推理与法官思维》,法律出版社 2010 年版。

42. 董嗥:《司法解释论》,中国政法大学出版社 1999 年版。

43. 徐国栋著:《民法基本原则解释》,中国政法大学出版社 1994 年版。

44. 吉林大学理论法学研究中心编:《法律思想的律动》,法律出版社 2003 年版。

45. 储槐植:《刑事一体化》,法律出版社 2004 年版。

46. 许福生:《刑事政策学》,中国法制出版社 2005 年版。

47. 王明星:《刑法谦抑精神研究》,中国人民公安大学出版社 2006 年版。

48. 吴宗宪:《西方犯罪学》,法律出版社 2006 年版。

49. 雷磊著:《类比法律论证》,中国政法大学出版社 2011 年版。

50. 周光权:《犯罪论体系的改造》,中国法制出版社 2009 年版。

51. 王作富主编:《刑法》,中国人民大学出版社 1999 年版。

52. 陈金钊著：《法制及其意义》，西北大学出版社 1994 年版。

53. 曲新久：《刑法的精神与范畴》，中国政法大学出版社 2003 年版。

54. 文海林：《犯罪论的基本体系》，中国政法大学出版社 2011 年版。

55. 陈兴良：《正当防卫论》，中国人民大学出版社 2006 年版。

56. 李海东：《刑法原理入门》，法律出版社 1998 年版。

57. 夏勇：《定罪与犯罪构成》，中国人民公安大学出版社 2009 年版。

58. 陈庆安：《超法规排除犯罪性事由研究》，上海社会科学院出版社 2010 年版。

59. 黎宏：《日本刑法精义》，法律出版社第 2008 年第 2 版。

60. 赵炳寿：《刑法若干理论问题研究》，四川大学出版社 1992 年版。

61. 陈忠林：《刑法散得集》，法律出版社 2003 年版。

62. 王幼璋主编：《刑事判案评述》，人民法院出版社 2002 年版。

63. 沈志先主编：《公报案例精选》，法律出版社 2010 年版。

64. 卢方主编：《经济、财产犯罪案例精选》，上海人民出版社 2008 年版。

65. 王瑞君：《罪刑法定的实现：法律方法论角度的研究》，北京大学出版社 2010 年版。

66. 高维俭：《罪刑关系及其知识拓展》，法律出版社 2010 年版。

67. 王利明：《司法改革研究》，法律出版社 2001 年版。

(二)中文译著

1. [英]H. L. A. 哈特：《法律的概念》，许家馨、李冠宜译，北京：法律出版社，2006 年版。

2. [英]弗里德利希·冯·哈耶克：《法律、认法与白由》（第 1 卷），邓正来等译，中国大百科全书出版社 2000 年版。

3. [英]梅因：《古代法》，沈景一译，商务印书馆 1997 年版。

4. [英]霍布斯：《利维坦》，黎思复等译，商务印书馆 1995 年版。

5. [德]拂里德里希·包尔生：《伦理学体系》，中国社会科学出版社 1988 年版。

6. [德]汉斯·海因里希·耶塞克、托马斯·魏根特：《德国刑法教科书》（总论），徐久生译，中国法制出版社 2001 年版。

7. [美]格论顿·戈登·卡罗兹：《比较法传统》，米健登译，中国政法大学出版社 1993 年版。

8. [德]考夫曼：《法律哲学》，刘幸义等译，法律出版社 2004 年版。

9. [德]齐佩利乌斯：《法学方法论》，金振豹译，法律出版社 2010 年版。

10. [德]克劳斯·罗克辛：《德国最高法院判例　刑法总论》，何庆仁等译，中国人民大学出版社 2012 年版。

11.［德］卡尔·拉伦茨:《法学方法论》,陈爱娥译,商务印书馆 2003 年版。

12.［德］约翰内斯·韦塞尔斯:《德国刑法总论》,李昌珂译,法律出版社 2008 年版。

13.［美］阿德里安·沃谬勒:《不确定状态下的裁判——法律解释的制度理论》,梁迎修等译,北京大学出版社 2011 年版。

14.［美］迈尔文·艾隆·艾森伯格:《普通法的本质》,张曙光等译,法律出版社 2004 年版。

15.［美］理查德·A. 波斯纳:《法官如何思考》,苏力译,北京大学出版社 2009 年版。

16.［美］理查德·A. 波斯纳:《法理学问题》,苏力译,中国政法大学出版社 2002 年版。

17.［美］博登海默:《法理学:法律哲学与法律方法》,邓正来译,中国政法大学出版社 1999 年版。

18.［美］马克·克拉:《当知识份子遇到政治》,邓晓箐、王笑红译,新星出版社 2005 年版。

19.［美］德沃金:《法律帝国》,李长青译,中国大百科全书出版社 2002 年版。

20.［美］格伦顿·格登·奥萨魁:《比较法律传统》,米健、贺卫方译,中国政法大学出版社 1993 年版。

21.［美］约翰·W. 奥尔森:《正当法律程序简史》,杨明成、陈霜冷译,商务印书馆 2006 年版。

22.［美］布莱恩·H. 比克斯:《法理学:理论与语境》,邱昭继译,法律出版社 2008 年版。

23.［日］谷口安平:《程序的正义与诉讼》,王亚新、刘荣军译,中国政法大学出版社 1996 年版。

24.［日］大琢仁:《刑法概说(总论)》,冯军译,中国人民大学出版社 2009 年第 3 版。

25.［日］大木雅夫:《比较法》,范愉译,法律出版社 1999 年版。

26.［日］小野清一郎:《犯罪构成要件的理论》,王泰译,中国人民大学出版社 1991 年版。

27.［日］大谷实:《刑法讲义总论》(新版第 2 版),黎宏译,中国人民大学出版社第 2008 年版。

28.［日］西田典之:《日本刑法总论》,刘明祥、王昭武译,中国人民大学出版社 2009 年版。

29.［荷］伊芙琳·T. 菲特丽丝:《法律论证原理》,张其山等译,商务印书馆 2005 年版。

30. ［法］达维德：《当代主要法律体系》，漆竹生译，上海译文出版社 1984 年版。

31. ［意］贝卡利亚：《论犯罪与刑罚》，黄风译，中国大百科全书出版社 1993 年版。

32. ［意］杜里奥·帕多瓦尼：《意大利刑法学原理》（评注版），陈忠林译，中国人民大学出版社 2004 年版。

33. ［法］基佐：《欧洲文明史》，程洪逵等译，商务印书馆 1998 年版。

34. ［法］托克维尔：《论美国的民主》（上卷），董果良译，商务印书馆 1988 年版。

二、论文类

1. 武树臣：《运用判例是加强法制建设的重要途径》，载《中国法学》1989 年第 2 期。

2. 武树臣：《论判例在我国法制建设中的地位》，载《法学》1986 年第 6 期。

3. 武树臣：《对十年间大陆法学界关于借鉴判例制度之研讨的回顾与评说》，载《判例与研究》1997 年第 2 期。

4. 刘作翔：《我国为什么要实行案例指导制度》，载《法律适用》2006 年第 8 期。

5. 高岩：《我国不宜采用判例法制度》，载《中国法学》1991 年第 3 期。

6. 李仕春：《案例指导制度的另一条思路——司法能动主义在中国的有限适用》，载《法学》2009 年第 6 期。

7. 周佑勇：《作为过渡措施的案例指导制度》，载《法学评论》2006 年第 3 期。

8. 董皞：《迈出案例通向判例的困惑之门——我国实现法律统一适用合法有效之路径》，载《法律适用》2007 年第 1 期。

9. 胡云腾、于同志：《案例指导制度若干重大疑难争议问题研究》，载《法学研究》2008 年第 6 期。

10. 蔡琳：《案例指导制度"指导"三问》，载《南京大学学报（人文社科类）》2012 年第 4 期。

11. 公丕详：《完善中国特色案例指导制度之我见》，载《法治资讯》2011 年第 5 期。

12. 孙谦：《建立刑事司法案例指导制度的思考》，载《中国法学》2010 年第 5 期。

13. 龚稼立：《关于先例判决和判例指导的思考》，载《河南社会科学》2004 年第 3 期。

14. 蒋惠岭：《建立案例指导制度的几个具体问题》，载《法律适用》2004 年第 5 期。

15. 刘风景：《"指导性案例"名称之辩正》，载《环球法律评论》2009 年第 4 期。

16. 胡云腾等：《"关于案例指导工作的规定"的理解与适用》，载《人民司法》2011 年第 3 期。

17. 储槐植：《刑法存活关系中——关系刑法论纲》，载《法制与社会发展》1996 年第 6 期。

18. 黄晓云：《案例指导制度的历史沿革》，载《中国审判新闻月刊》2011 年 1 月 5 日。

19. 刘作翔、徐景和：《案例指导制度的理论基础》，载《中国法学》2006 年第 3 期。

20. 最高人民法院案例指导制度考察团：《香港判例制度、澳门统一司法见解制度考察报告》，载《人民司法（应用）》2008 年第 15 期。

21. 袁林：《人本主义刑法解释范式》，西南政法大学 2010 年博士论文。

22. 丁海湖：《案例指导制度研究》，西南政法大学 2008 年博士论文

23. 王利荣：《论量刑的合理性》，西南政法大学 2007 年博士论文。

24. 蒋啸：《判例法研究》，中国政法大学 2004 年博士论文。

25. 周建达：《以刑定罪：一种隐性的司法裁判知识》，西南政法大学 2013 年博士论文。

26. 王瑀：《刑法视野中的安乐死问题》，吉林大学 2012 年博士论文。

27. 张永红：《我国刑法第 13 条但书分析》，北京大学 2003 年博士论文。

28. 张钰光：《法律论证结构与程序之研究》，台湾辅仁大学法律研究所 2001 年博士论文。

29. 周佑勇：《作为过渡性措施的案例指导制度》，载《法学研究》2006 年第 3 期。

30. 江勇、陈增宝：《关于指导性案例效力问题的若干思考》，载《法治研究》2008 年第 9 期。

31. 黄伟东、赵峰：《关于案例指导制度的构建和完善》，载《山东审判》2009 年第 4 期。

32. 刘邦明：《论入刑思维在刑事司法中的影响和运用》，载《政治与法律》2010 年第 7 期。

33. 陈兴良：《形式与实质的关系：刑法学的反思性检讨》，载《法学研究》2008 年第 6 期。

34. 龚稼立：《关于先例判决和判例指导的思考》，载《河南社会科学》2004 年第 2 期。

35. 沈慧珍：《案例指导制度的必要性》，载《青海社会科学》2009 年第 4 期。

36. 杨洪逵：《案例指导：从功利走向成熟——对在中国确立案例指导制度的几点看法》，载《法律适用》2004 年第 5 期。

37. 刘艳红、马改然：《刑法主观主义原则：文化成因、现实体现与具体危害》，载《政法论坛》2012 年第 3 期。

38. 胡云腾等：《"关于案例指导工作的规定"的理解和适用》，载《人民司法》2011 年第 3 期。

39. 张祺：《指导性案例中具有指导部分的确定和适用》，载《法学》2008 年第 10 期。

40. 何震、魏大海：《案例指导制度建构中的问题》，载《国家检察官学院学报》2010 年第 3 期。

41. 四川省高级人民法院课题组：《中国特色案例指导制度的发展与完善课题报告》，

载《中国法学》2013 年第 3 期。

42.杨洪逵:《案例指导:从功利走向成熟——对在中国确立案例指导制度的几点看法》,载《法律适用》2004 年第 5 期。

43.何荣功:《英国刑法的法典化改革之路述评》,载《中国审判》2013 年第 1 期。

44.张千帆:《再论司法判例制度的性质、作用和过程》,载《河南社会科学》2004 年第 4 期。

45.许国鹏:《加强判例研究 实现法治理想》,载《当代法学》2000 年第 5 期。

46.高其才、王晨光、冯泽周:《程序、法官与审判公正—上海等地法官访谈综述》,载《法学》2000 年第 8 期。

47.劳东燕:《犯罪故意的反思与重构》,载《政法论坛》2009 年第 1 期。

48.杨晓强:《对法学院课堂的指望》,载《法学家茶座》2008 年第 2 期。

49.季卫东:《法学理论创新与中国软实力——对法律和社会研究的重新定位》,载《上海交通大学学报(哲学社会科学版)》2008 年第 3 期。

50.张祺:《论寻找指导性案例的方法——以审判经验为基础》,载《中外法学》2009 年第 3 期。

51.夏锦文、吴春锋:《法官在判例指导制度中的需求》,载《法学》2010 年第 8 期。

52.黄晓云:《建立中国特色案例指导制度的创建——学者、律师热议〈关于案例指导工作的规定〉》,载《中国审判》2011 年第 1 期。

53.倪斐:《案例指导制度构建中的几个法律方法论问题》,载《汕头大学学报》2008 年第 3 期。

54.孙谦:《建立刑事司法案例制度的探讨》,载《中国法学》2010 年第 5 期。

55.张亚东:《关于案例指导制度的再思考》,载《法律适用》2008 年第 8 期。

56.陶凯元:《中国法律解释制度现状剖析》,载《法律科学》1999 年第 6 期。

57.张军:《最高审判机关刑事司法解释工作回顾与参考(1980—1990)》,《法学研究》1991 年第 3 期。

58.陈金钊:《案例指导制度下的法律解释及其意义》,载《苏州大学学报(哲学社会科学版)》2011 年第 4 期。

59.江勇、马良骥:《如何进一步推进案例指导工作》,载《法律适用》2012 年第 7 期。

60.王瑀:《生命权与安乐死出罪化》,载《河南师范大学学报(哲学社会科学版)》2012 年第 2 期。

61.王利明:《我国案例指导制度若干问题研究》,载《法学》2012 年第 1 期。

62.陈金钊:《法律解释(学)的基本问题》,载《政法论坛》2004 年第 3 期。

63.苏力:《解释的难题:对几种法律文本解释方法的追问》,载《中国社会科学》1997

年第 4 期。

64.陈金钊:《为什么法律的魅力挡不住社会效果的诱惑——对法律效果和社会效果统一论的反思》,载《杭州师范大学学报(社会科学版)》2012 年第 2 期。

65.孙昌军、徐绫泽:《论小康社会私有财产的刑法保护》,载《湖南文理学院学报(社会科学版)》2005 年第 2 期。

66.陈兴良:《故意毁坏财物行为之定性研究——以朱建勇案和孙静案为线索的分析》,载《国家检察官学院学报》2009 年第 1 期。

67.张明楷:《刑法解释理念》,载《国家检察官学院学报》2008 年第 6 期。

68.刘邦明:《论入刑思维在刑事司法中的影响和运用》,载《政治与法律》2010 年第 7 期。

69.张明楷:《案件事实的认定方法》,载《法学杂志》2006 年第 2 期。

70.梁根林:《现代法治语境中的刑事政策》,载《国家检察官学院学报》2008 年第 4 期。

71.高艳东:《量刑与定罪互动论:为了量刑公正可变换罪名》,载《现代法学》2009 年第 5 期。

72.冯亚东:《罪行关系的反思和重构——兼谈罚金刑现阶段在中国之适用》,载《中国社会科学》2006 年第 5 期。

73.张爱艳:《非犯罪化与安乐死——以违法性阻却事由和期待可能性理论为视角》,载《政法论丛》2005 年第 2 期。

74.陈兴良:《正当防卫:指导性案例及评析》,载《东方法学》2012 年第 2 期。

75.尹秀云:《文化冲突与价值碰撞:安乐死问题根源探究》,《医学与哲学(人文社会医学版)》2010 年第 4 期。

76.劳东燕:《论犯罪构成的功能诉求——对刑事领域冲突解决机制的再思考》,载《金陵法律评论》2001 年秋季卷。

77.陈兴良、周光权:《超越报应主义与功利主义:忠诚理论——对刑法正当根据的追问》,载《北大法律评论》1998 年第 1 期。

78.黄京平、杜强:《被害人承诺要件的比较分析》,载《河南政法管理干部学院学报》2003 年第 2 期。

79.何庆仁:《论安乐死出罪的刑法路径》,载《山西高等学校社会科学学报》2008 年第 8 期。

80.齐文远、周详:《论刑法解释的基本原则》,载《中国法学》2004 年第 2 期。

81.储槐植、汪永乐:《再论我国刑法中犯罪概念的定量因素》,载《法学研究》2000 年第 2 期。

82.苏彩霞、刘志伟:《混合的犯罪概念之提倡》,载《法学》2006 年第 3 期。

83.冯军:《德日刑法中的可罚性理论》,载《法学论坛》2000 年第 1 期。

84.刘艳红:《目的二阶层体系与"但书"出罪功能的自洽性》,载《法学评论》2012 年第 6 期。

85.刘远:《司法刑法学的视域与范式》,载《现代法学》2010 年第 4 期。

86.王强:《我国《刑法》第 13 条但书规定新解——兼论但书在犯罪构成理论中的展开》,载《法律科学》2011 年第 5 期。

87.郜永昌、刘克毅:《论案例指导制度的法律定位》,载《法律科学》2008 年第 4 期。

88.蒋集跃、杨永华:《司法解释的缺陷及其补救——兼谈中国式判例制度的构建》,《法学》2003 年第 10 期。

89.陈忠林:《从外在形式到内在实质的追求——论罪刑法定原则蕴含的价值冲突及我国刑法应有的立法选择》,载《现代法学》1997 年第 1 期。

90.王志祥、姚兵:《论刑法第 13 条但书的功能》,载《刑法论丛》2009 年第 2 期。

三、其他类

1.国家法官学院:《中国审判案例要览》(刑事审判案例卷),法律出版社 2010 年版。

2.最高人民法院主编:《刑事审判参考》(第 20 辑),法律出版社 2001 年版。

3.最高人民法院编:《刑事审判参考》(第 5 辑),法律出版社 1999 年版。

4.最高人民法院中国应用法学研究所:《人民法院案例选》,人民法院出版社 1993 年版。

5.最高人民法院刑一、二、三、四、五庭主办:《中国刑事审判指导案例》(第 1—4 卷),法律出版社 2008 年版。

6.最高人民法院刑一、二庭:《人民法院案例选》(第 4 辑),法律出版社 2005 年版。

7.《最高人民法院公报》,人民法院出版社 2004 年第 4 期。

8.梁迎修:《法官裁量权的法哲学思考》,载《人民法院报(理论版)》2009 年 6 月 2 日。

9.霍仕明:《沈阳中院:夏俊峰杀人不属于正当防卫》,载《法制日报》2013 年 9 月 30 日,第 5 版。

10.孙国祥:《厘清正当防卫和聚众斗殴的四个问题》,载《检察日报》2012 年 7 月 20 日第 3 版。

10.戴红兵等:《协调司法认识,统一司法尺度——广西高院关于建立司法统一认识协调机制的调研报告》,载《人民法院报》2010 年 6 月 3 日。

11.陈兴良:《许霆案的法理分析》,载《人民法院报,》2008 年 4 月 1 日。

12.郎贵梅:《论裁判要旨的性质、分类和编写》,载《人民法院报》2008 年 7 月 23 日第

3 版。

13. 张千帆：《"先例"与理性：为中国司法判例制度辩护》，载《法制日报》2006 年 3 月 29 日第 4 版。

14.《俄罗斯联邦刑法典释义》，黄道秀译，中国政法大学出版社 1998 年版。

15.《日本刑法典（第 2 版）》，张明楷译，法律出版社 2006 年版。

16.《德国刑法典》，徐久生、庄敬华译，中国法制出版社 2000 年版。

17.《意大利刑法典》，黄风译，中国政法大学出版社 1998 年版。

18.《甘肃校车事故幼儿园负责人涉嫌交通肇事罪被批捕》，http://edu. zjol. com. cn/05edu/system/2011/11/21/018012203. shtml。

19. 费晔：《严峻故意毁坏财物上诉案》，http://www. shezfy. com/view/jpa/dycg_view. html？id＝122。

20. 龙卫球：《法院，你可知司法为何物？——对于所谓先例判决制的评论》，来源：爱思想网，网址：http://www. aisixiang. coin/data/detail. php？id＝18509。

21. 张海龙：《先例判决只是看上去很美》，来源：新浪财经，网址：http://finance. sina. coni. cn/roll/20030717/0345371820. shtml。

22. 高鹏：《夏俊峰事件始末》，http://news. k618. cn/xda/201309/t20130925_3934818_1. html。

23. 杨立新：《中国司法改革的中庸之道》，http//www. yanglixin. com。

24. 搜狐网：《尿毒症女孩骗保 42 万求生》，http://health. sohu. com/20131128/n390934683. shtml。

25. 林达：《特丽·夏沃之死：不仅是安乐死》，载《南方都市报》，http://news. sina. com. cn/c/2005-04-18/10476418314. shtml。

26.《找法网：从一起案例看医疗事故罪法律适用中的几个关键》，http://china. findlaw. cn/yiliao/ylsgal/atylsgal/40623. html。

27. 北京社科规划办"案例指导制度研究"课题组：《完善和规范案例指导制度应明确的问题》，http://www. bjpopss. gov. cn/bjpssweb/n28511c31. aspx。

28. 李邑兰：《孙某铭醉驾案历时九个月尘埃落定》，载《中国新闻网》，http://news. qq. com/a/20090923/001467. htm。

四、外文文献类

1. Jerold H. ISrael, Yale Kamisar, Wayne R. lafave, *Criminal Precedure and The Constitution*, *Leading Supeerme Cases and Introductory Text*, 1991 edtion, American Casebook series, West publishing Co.

2. Henry CamPbell Black, *Black Law Dictionary*, fifth edition, West Publishing Co. 1979.

3. David M. Walker, *The Oxford Companion to Law*, Clarendon Press, 1980.

4. T. Von Mehren: Some Reflections on Codification and Case in the Twenty-first century, *U. C. Review*, spring, 1998.

5. Melvin Eisenberg, *Participation, Responsiveness, and the Consultative Process: An Essay for lon Fuller*, see Ibid. , pp. 411-412.

图书在版编目(CIP)数据

刑事指导性案例生成机制研究/范玉,李涛著.—厦门:厦门大学出版社,2015.11
ISBN 978-7-5615-5731-0

Ⅰ.①刑… Ⅱ.①范…②李…   Ⅲ.①刑法-案例-中国   Ⅳ.①D924.05

中国版本图书馆 CIP 数据核字(2015)第 203915 号

官方合作网络销售商:

厦门大学出版社出版发行

(地址:厦门市软件园二期望海路 39 号   邮编:361008)

总 编 办 电 话:0592-2182177   传真:0592-2181406

营销中心电话:0592-2184458   传真:0592-2181365

网址:http://www.xmupress.com

邮箱:xmup @ xmupress.com

厦门市明亮彩印有限公司印刷

2015 年 11 月第 1 版   2015 年 11 月第 1 次印刷

开本:720×970   1/16   印张:11.75   插页:2

字数:184 千字

定价:58.00 元

本书如有印装质量问题请直接寄承印厂调换